CB079883

PROMETEU ACORRENTADO

ÉSQUILO

PROMETEU ACORRENTADO

TRADUÇÃO DO GREGO E NOTAS
MARIA APARECIDA DE OLIVEIRA SILVA

MARTIN CLARET

Edição utilizada: *Prometheus vinctus*, ed. G. Murray, Aeschyli tragoediae, 2 ed. Oxford: Clarendon Press, 1955 (1960)

DIREÇÃO
Martin Claret

PRODUÇÃO EDITORIAL
Carolina Marani Lima
Mayara Zucheli

DIREÇÃO DE ARTE E CAPA
José Duarte T. de Castro

DIAGRAMAÇÃO
Giovana Quadrotti

ILUSTRAÇÃO DA CAPA
Gilmanshin / Shutterstock

REVISÃO TÉCNICA
Lilian Sais

IMPRESSÃO E ACABAMENTO
Eskenazi Gráfica

Este livro segue o novo Acordo Ortográfico da Língua Portuguesa.

Dados Internacionais de Catalogação na Publicação (CIP)
(Câmara Brasileira do Livro, SP, Brasil)

Ésquilo, 524-455. C.
Prometeu acorrentado / Ésquilo; tradução e notas Maria Aparecida de Oliveira Silva. - São Paulo: Editora Martin Claret, 2018.

Título original: Προμηθευς Δεσμωτης.

ISBN 978-85-440-0189-9

1. Teatro grego (Tragédia) - I. Silva, Maria Aparecida de Oliveira. II. Título.

18-14161 CDD-882

Índices para catálogo sistemático:

1. Teatro: Tragédia: Literatura grega antiga 882

EDITORA MARTIN CLARET LTDA.
Rua Alegrete, 62 - Bairro Sumaré - CEP: 01254-010 - São Paulo, SP
Tel.: (11) 3672-8144 - www.martinclaret.com.br
Impresso em 2019

SUMÁRIO

APRESENTAÇÃO

Prometeu: benfeitor e náufrago da humanidade

ORLANDO LUIZ DE ARAÚJO*

> " Há muita esperança, só não para nós."
> Kafka

A narrativa acerca de Prometeu, herói mítico que rouba o fogo divino e o devolve à humanidade, inscreve-se numa longa tradição literária. A fonte mais antiga para o mito de Prometeu é *Teogonia* e *Trabalhos* e *Dias* de Hesíodo, poeta que viveu entre os séculos VIII-VII a.C. Em *Teogonia*, Prometeu aparece como alguém que tem o ânimo atento (πρόφονι θυμῶ... v.536) e é expedito (ποικιλόβουλον... v.521) e astuto (ἀγκυλομήτης... v.546) nas ações; enquanto em *Trabalhos* e *Dias*, Hesíodo utiliza a figura de Prometeu para explicar a inclinação humana para o trabalho e sua inevitabilidade. O poeta trata, amiúde, da reação de Zeus ao roubo do fogo por Prometeu. O deus olímpico premeditou "para os homens tristes pesares" (v.49). Aqui, diferentemente da *Teogonia* — que apresenta Zeus sendo deliberadamente enganado por Prometeu —, há a punição levada a cabo por

* Professor Associado de Língua e Literatura Grega, Teatro e Literatura Comparada na Universidade Federal do Ceará. Doutor em Letras Clássicas pela Universidade de São Paulo. Tradutor de *Electra* de Sófocles e organizador, em coautoria, de *Identidade e Alteridade no Mundo Antigo, Performance e Oralidade no Mundo Antigo, O Riso no Mundo Antigo e Ensaios em Estudos Clássicos. Membro do Grupo de Pesquisa Estudos sobre o Teatro Antigo (USP/ CNPQ), Núcleo de Cultura Clássica* (UFC/CNPQ) e Tradução e Recepção dos Clássicos (UFC/CNPQ). Atualmente, elabora um estudo sobre a obra *Dos amores apaixonados*, de Partênio de Niceia.

Zeus que oculta o fogo aos homens, impedindo a eles o cozimento do alimento, recusando-lhes, assim, o direito à subsistência.

No Protágoras (320d–321e), de Platão, Sócrates narra para seus interlocutores o mito de Prometeu e encerra a narrativa mencionando o processo que Prometeu sofreu por ter roubado de Hefesto, o deus da forja, o fogo, e da deusa Atena, a sabedoria. Platão parece promover, no relato de Sócrates, uma síntese das duas narrativas anteriores feitas por Hesíodo em *Teogonia* e em *Trabalhos e Dias*. Acomodando a história ao propósito filosófico, com o intuito de discutir a arte da política, Platão não valoriza a dimensão trágica do mito, que já havia sido tratada por Ésquilo no *Prometeu Acorrentado*.

Para os leitores contemporâneos, Prometeu é conhecido como o ladrão do fogo divino que, após realizá-lo, recebe o cruel castigo de ser visitado diariamente por uma águia que come seu fígado. Passada a noite, o fígado se regenera, para que no dia seguinte receba, novamente, a visita do animal. O roubo do fogo é anterior à ação do *Prometeu Acorrentado*, de Ésquilo. Se na narrativa mítica, a águia aparece como o símbolo do sofrimento de Prometeu, na tragédia suas aflições são decorrentes da solidão em que foi colocado. Os dois primeiros versos da peça dão a dimensão do isolamento a que fora condenado:

> Chegamos ao longínquo solo da terra,
> na rota da Cítia, no deserto sem mortais. (v.1-2)

A descrição do espaço feita por Crato — a personificação do Poder —, no qual Prometeu deverá passar o resto dos dias é sem esperança. É nessa região inóspita, fora dos limites da terra, de escarpas elevadas, provocadas pela erosão do tempo, que Prometeu cumprirá pela eternidade a pena, para deixar de "ser amigo dos humanos" (v.11). Sob o olhar atento de Crato e Bía — a personificação da Força ou da Violência —, o deus Hefesto é supervisionado na sua empresa de acorrentar o celerado infrator. Preso às correntes divinas, restam-lhe, tão somente, o poder discursivo da palavra e a visão acurada dos acontecimentos. Ao longo da peça, Ésquilo permite que Prometeu, apesar de imóvel, encontre os "refugiados" da mitologia que, sem lei, sem rumo, sem país e sem casa para onde possa voltar, passam pelos confins do mundo onde está Prometeu.

Io, vagando errante, indo de um lugar para outro, sem objetivo, sem pretensão, mas apenas realizando o desejo de Zeus e o ódio de Hera, é o duplo de Prometeu. Ficar ou partir não faz diferença, quando o princípio é o da exclusão e do banimento do indivíduo do convívio coletivo. Ao ser indagado por Io, acerca do que o levou àquela condição, Prometeu responde-lhe que "a vontade de Zeus e a mão de Hefesto" (v.619) foram os empreendedores. Dessa forma, é a tirania do poder, representado por Zeus, e a violência da força, por Hefesto, que o arrastaram para o insólito do castigo, restando para ele, apenas, o *lógos*, como matéria do sonho e da esperança para os que estão em trânsito. O Coro das Oceânides, que assistem ao ir e vir do eterno movimento marítimo das ondas do mar — numa referência ao castigo sedentário de Prometeu e ao nomadismo de Io —, é uma bela metáfora do fluxo contínuo, para tratar da aproximação entre deuses e homens; metáfora que se apoia no movimento da água que bate, violentamente, nos rochedos, numa referência à agressão à humanidade, e seu arrefecimento, como uma forma de introduzir o problema religioso no seio da cultura; dito de outra forma, simboliza a potência da força divina face à fragilidade humana, representada por Prometeu, como nos faz ouvir Crato:

> Agora aqui sê insolente e os privilégios dos deuses
> rouba e entrega aos efêmeros. Qual das tuas
> penas os mortais podem eliminar por ti?
> As divindades te chamam pelo falso nome
> Prometeu; tu mesmo precisas de previsão,
> para o modo como te libertarás deste engenho. (v. 82-87)

Crato estabelece os limites que regulam o espaço divino e o humano. Nada pode ser alterado. Cada um, por seu turno, deve aceitar sua condição, de modo a não borrar as fronteiras que os dividem. A insolência humana é um mal aos olhos dos deuses, uma vez que um deus é atingido por um mortal que perdeu seu equilíbrio, os deuses se manifestam desfavoravelmente. Crato mostra, ainda, o despreparo da humanidade para conviver e diminuir os pesares um dos outros. Perante o olhar humano, Prometeu é um engano. É um nome falseado que nada exprime de quem o porta; é uma ironia e um jogo do qual os deuses saem sempre vitoriosos.

Essa ambiguidade irônica é reforçada pelo Coro das oceânides que acaba de chegar ao pé do penhasco onde Prometeu, abandonado pelos deuses e pela humanidade, que ajudou a salvar, se encontra. À primeira vista, Prometeu sente a presença daquilo que ele atribui desconhecer, por não saber se se trata de um deus ou se de um mortal, ou se é um amálgama de ambos.

> vindo de um deus, um mortal, ou um misto de ambos?
> Vieste ao rochedo dos confins do mundo
> como expectador das minhas penas, ou o que queres? (v. 115-118).

Oceano também chega ao lugar onde Prometeu está confinado, para oferecer suas condolências e propor intervir em seu nome junto a Zeus. Diante dos seus interlocutores, Prometeu mostra-se aflito e grande crítico do senhor do raio e dos outros deuses que imprimem aos mortais penas sem fins e grande violência. Diante do sofrimento, Prometeu explicita, mais e mais, a nebulosidade de um futuro sem porto — o que lhe dá a supremacia de conhecer, eternamente, o porvir. Isso parece levar Hermes, o mensageiro dos deuses e o último a frequentar a morada de Prometeu, a ameaçá-lo punir, caso não lhe seja revelado o que Zeus deseja saber. Prometeu se recusa a falar e conta com o apoio do Coro das oceânides que se nega a abandoná-lo.

Nessa peça, Ésquilo resolve destrinçar a vida dos deuses, pois à exceção de Io, única personagem humana, todos os outros possuem uma dimensão divina. *Prometeu Acorrentado* é uma tragédia voltada para a preocupação do comportamento dos deuses. Apesar de se situar na fronteira entre o divino e o humano, Prometeu se inclina muito mais para o lado divino. É essa propensão que o torna capaz de sentir dor e sofrimento como qualquer mortal; é ela, ainda, que permite a Ésquilo por, na boca do filho de Jápeto, palavras infaustas e angustiosas. Mas a tragédia não trata apenas das palavras sem atos, ela também traz à cena o corpo dilacerado do benfeitor da humanidade. *Prometeu Acorrentado* é um libelo divino de um deus contra outro. De um lado, Prometeu, de outro, os deuses outros. Ao dar o artifício do fogo aos homens, Prometeu errou, essa é a acusação dos deuses, no entanto a forma tirânica de abordar a questão não faz de Zeus um ser justo, pois busca trocar o bem pelo mal. Essas censuras e incriminações apontam para um contexto, como observa Roberts (2012, p.12), de mudanças e crises políticas bastante significativas.

A situação de tensão em que estão inseridas as personagens do drama, a disputa por um espaço de autoridade e o estado de incerteza em que estão mergulhadas as personagens Prometeu e Io — essa por desconhecer o que há de lhe advir, aquele, exatamente, pelo contrário, sem que possa interferir —, é uma excelente razão para dar a lume a presente tradução. A crise política, social, econômica e humanitária, que assola o mundo, é o espelho da descrença que atinge o mundo contemporâneo. De Prometeu, conforme Kafka (1989, p. 53), quatro fábulas são relatadas: na primeira, mais próxima da tradição, o herói está agrilhoado ao Cáucaso e recebe a visita de águias que comem do seu fígado que sempre se regenera; na segunda, Prometeu já não suporta mais os bicos das aves rapaces e, comprimindo-se o mais fundo possível na rocha, funde-se completamente a ela; na terceira versão, o passar dos anos fez com que os deuses esquecessem sua traição, as águias e o próprio Prometeu. De acordo com a quarta, tudo ficou sem razão de ser, e ele terminou cansado, assim como os deuses, as águias e a ferida. De tudo isso, apenas "restou a inexplicável montanha rochosa" (KAFKA, 1989, p. 53): o penedo onde a força da água o corrói incessantemente, onde Prometeu tem sua morada "segura" e onde Io o flanqueia na esperança de não ser destruída.

A despeito de a rocha escarpada simbolizar um ponto de apoio e uma base perene em contraponto ao movimento fluído e líquido das águas marítimas, as personagens do drama vagueiam por um mundo ignoto e inóspito e habitam o mundo da natureza selvagem. O mundo que se afigura para elas evoca uma paisagem árida e sem proteção. Para Prometeu e Io, em especial, que experimentam a tirania do poder divino, o mundo torna-se áspero com as catástrofes que o atingem: abalos sísmicos, trovões, relâmpagos, turbilhões, ventanias, enfim, um mundo que se desajusta para se ajustar àquele que ousou desestabilizar a aparente ordem natural do mundo. A tal estado de coisa, Ésquilo parece chamar a atenção para a importância do equilíbrio entre as forças da natureza, mostrando que esse mundo natural, quando protegido e bem cuidado, é passível de leveza. No monólogo inicial de Prometeu (v.88–127), o mundo a que se refere o herói é muito mais harmonioso: o céu, os ventos, as ondas do mar, tudo isso é um "infinito motivo de riso.." (v.90) para todos.

O drama todo toma sua forma na máxima que nos diz que aquilo que nos possibilita sonhar também nos permite chorar, pois "a força da necessidade é incontestável" (v.105). Ao ofertar um dom à humanidade, Prometeu se ata à fatalidade. Por isso, ele, assumindo a voz do oprimido, não pode "calar nem não calar (v.106)" as desventuras de um mundo desordenado, tirânico e famélico. Nesse espaço distópico, onde se está exilado mesmo em liberdade, como acontece com Io, o drama *Prometeu Acorrentado*, de Ésquilo, apresentado aqui pela tradução de Maria Aparecida de Oliveira Silva, fluente e poética, com o uso preciso do termos, permite-nos refletir acerca não apenas da tradição do texto dramático, mas também acerca da barbárie e do poder abusivo dos nossos dias. A pertinência dos temas tratados por Ésquilo perduram e sobrevivem a um mundo que ainda sonha encontrar, em algum escarpado seguro, o lugar onde os náufragos dos nossos tempos, transportados em plataformas móveis, não sejam esquecidos.

Referências:

AESCHYLUS. *Prometheus Bound*. Translated, with introduction and notes, by Deborah H. Roberts. Indianapolis/Cambridge: Hackett Publishing Company, Inc., 2012.

HESÍODO. *Trabalhos e Dias*. Organização e tradução do grego Christian Werner. São Paulo: Hedra, 2013.

__. *Teogonia*: A origem dos deuses. Estudo e tradução Jaa Torrano. São Paulo: Iluminuras, 1995.

__. *Teogonia*. Tradução do grego e comentário de Ana Lúcia Silveira Cerqueira e Maria Therezinha Arêas Lyra. Niterói: EDUFF, 1986.

KAFKA, Franz. *Nas Galerias*. Seleção, apresentação e tradução Flávio R. Kothe. São Paulo: Estação Liberdade, 1989.

PLATÃO. *Protágoras*. Tradução e estudo introdutório Eleazar Magalhães Teixeira. Fortaleza: Edições UFC, 1986.

PROMETEU ACORRENTADO

PERSONAGENS:

CRATO
BIA
CORO DAS OCEÂNIDES
PROMETEU
OCEANO
HERMES
IO

CRATO[1]
Chegamos ao longínquo solo da terra,
na rota da Cítia,[2] no deserto sem mortais.
Hefesto,[3] tu precisas cuidar das ordens
que teu pai[4] te incubiu de, nos rochedos
de escarpas elevadas, pregar este celerado
em indestrutíveis grilhões de inabaláveis correntes.
A tua flor, o fulgor do fogo útil a todas as artes,
roubou e ofereceu aos mortais; por tal erro,
ele deve pagar sua pena aos deuses,
para que aprenda a aceitar
a tirania de Zeus,[5] e parar de ser amigo dos homens.

HEFESTO
Crato e Bia,[6] a ordem de Zeus que vós tendes
está cumprida e nada vos impede mais;
mas eu estou sem ímpeto para acorrentar um deus
parente[7] à força nesta escarpa de clima rigoroso.
Eu necessito de absoluta ousadia para isto;
é insuportável negligenciar as palavras do pai.
Filho de pensamento elevado da boa conselheira Têmis,[8]
contra a tua vontade e a minha, com indissolúveis bronzes,
eu te pregarei neste desértico rochedo,
onde nem voz nem a forma dos mortais
verás, queimado pela brilhante chama do sol,
mudarás a flor da tua pele; e para tua alegria

a noite de manto estrelado cobrirá sua luz,
e a geada da aurora o sol dispersará novamente;
e sempre o fardo do presente mal
te esgotará; o teu libertador não nasceu ainda.
Faz bom proveito disto, por teu modo de ser amigo dos homens!
És um deus, não tremeste diante da cólera dos deuses,
entregaste aos mortais honras além do que é justo;
ante isso, vigiarás este desagradável rochedo
em pé, sem dormir, não dobrarás teus joelhos.
E muitos lamentos e gemidos vãos
soltarás; o espírito de Zeus é implacável;
e todo rude é quem tem o poder há pouco tempo.

CRATO
Vamos, por que tardas e te apiedas em vão?
Por que não detestas o deus mais odioso aos deuses,
que entregou um privilégio teu aos mortais?

HEFESTO
O parentesco e a convivência são algo espantoso.

CRATO
Concordo. Como é possível não dar ouvidos
às ordens do pai? Não tens mais medo disso?

HEFESTO
Sempre és impiedoso e ousado!

CRATO
Não é nada útil lamentar por isso; mas tu,
se não há vantagem, não penes em vão.

HEFESTO
Ó muitas vezes odiado ofício!

CRATO
Por que o odeia? Sem rodeios,
tua arte não é a causa das tuas presentes penas agora.

HEFESTO
Entretanto, outro devia tê-la obtido por sorte.

CRATO
Tudo é sofrível, exceto reinar sobre os deuses.
Ninguém é livre, a não ser Zeus.

HEFESTO
Sei disto, e nada tenho a me opor.

CRATO
Então, corre para envolvê-lo nas correntes,
para que o pai não te veja repousando.

HEFESTO
Pode ver as correntes em minhas mãos.

CRATO
Ata-o pelos braços, domina-o com força,
prega-o com teu martelo e o fixa nas rochas.

HEFESTO
Esta minha tarefa, não em vão, está cumprida.

CRATO
Golpeia mais, aperta, de modo algum afrouxes.
Ele é hábil em encontrar uma saída do impossível.

HEFESTO
Este braço está ajustado de modo indissolúvel.

CRATO
E agora prende este com firmeza, para que
aprenda, como sofista, que é mais lento que Zeus.

HEFESTO
Exceto ele, ninguém me acusaria justamente de algo.

CRATO
Agora, com força, fixa a dura mandíbula
da cunha de aço através do seu peito.

HEFESTO
Ai! Prometeu, lamento por tuas penas.

CRATO
E tu outra vez hesitas e lamentas pelos inimigos
de Zeus? Cuida para que não lamentes por ti.

HEFESTO
Vês esta vista horrível aos olhos.

CRATO
Vejo que este encontra o que merece.
Mas coloca a cinta em volta dos flancos.

HEFESTO
Isso é obrigatório fazer, não me dês ordens demais.

CRATO
Sem dúvida, darei ordens e te encorajarei mais.
Vai para baixo, prende em um anel, com força, as pernas.

HEFESTO
O trabalho está feito sem muito esforço.

CRATO
Agora golpeia com vigor os pungentes grilhões;
que o avaliador dos teus trabalhos é irredutível.

HEFESTO
Tal a tua forma canta a tua língua.

CRATO
Tu, abranda-te, mas por minha arrogância
e por meu temperamento rude não me censures.

HEFESTO
Vamos! Que está com seus membros envoltos em redes.

CRATO
Agora aqui sê insolente e os privilégios dos deuses
rouba e entrega aos efêmeros. Qual das tuas
penas os mortais podem eliminar por ti?
As divindades te chamam pelo falso nome
Prometeu; tu mesmo precisas de previsão,[9]
para o modo como te libertarás deste engenho.

PROMETEU
Ó divino éter e ventos de velozes asas,
as fontes dos rios, de ondas marinhas,
infinito motivo de riso e terra mãe de todos,
e invoco o anel do sol que tudo vê;
Vede-me, isso sofro dos deuses, um deus.
Olhai com quais ultrajes
sou dilacerado e que por incontáveis
anos enfrentarei.
O novo chefe dos bem-aventurados
inventou tal prisão indigna contra mim.
Ai! Ai! O presente e o futuro
sofrimento lamento. De que modo um dia
deve se cumprir o fim destes sofrimentos?

Contudo, o que digo? Se conheço previamente,
com exatidão, todo o futuro, nenhum sofrimento
chegará em mim como novidade. É preciso suportar
o sorteado pelo destino do modo mais fácil, sabendo que
a força da necessidade é incontestável.
Mas não posso me calar nem não calar
estas desventuras. Por ter oferecido um privilégio
aos mortais, estou atado nestas fatalidades, miserável!
Preenchida a férula, arrebatei a fonte
do fogo roubada, que é a mestre
de toda arte e grande recurso aos mortais.
Por estes erros pago com minhas dores.
exposto com correntes pregado.
Ai! Ai!
Ah! Ah!
Que eco, que perfume voa até mim, invisível,
vindo de um deus, um mortal, ou um misto de ambos?
Vieste ao rochedo dos confins do mundo
como expectador das minhas penas, ou o que queres?
Vede-me, um deus infeliz acorrentado,
inimigo de Zeus, passando
pelo ódio de todos os deuses
que entram no palácio de Zeus,
pelo excesso de amizade com os mortais.
Ai! Ai de mim! Que ruído de aves
escuto perto de mim? Com ligeiras batidas
de asas assoviam pelo céu.
Temo muito o que se aproxima.

CORO
Não temas nada!
Esta é uma fileira amiga
de asas em rápidas disputas
que se aproxima deste rochedo, após persuadir
com dificuldade o coração paterno,
ligeiras brisas me trouxeram;

o eco dos golpes no aço se alastrou dentro
da minha caverna, e retirou de mim
o reservado pudor;
E descalça lancei-me no carro alado.

PROMETEU
Ai! Ai! Ai! Ai!
Filhas da bem fecunda Tétis,[10]
do que contorna toda a terra
com insone corrente, jovens
do pai Oceano,[11] vede,
olhai-me com tal corrente
pregado neste precipício
no cume dos rochedos
continuarei a lamentável vigília.

CORO
Estou te vendo, Prometeu! E assombrosa
neblina veio aos meus olhos cheia
de lágrimas por teu corpo, vendo-o
na pedra ressecando
com esses ultrajes nestas indissolúveis correntes.
Novos timoneiros dominam o Olimpo;[12]
com novos costumes Zeus
sem lei governa,
os prodígios de outrora agora estão obscuros.

PROMETEU
Que me lançasse embaixo da terra, abaixo do Hades[13]
que leva os mortos ao
intransponível Tártaro,[14]
com indissolúveis correntes fortemente atado,
nem um deus nem outro qualquer
se alegraria com isto!
E agora elevado e balançando no éter, o miserável,
sofro pilhérias dos inimigos.

CORO
Qual dos deuses é tão coração
duro que se deleita com isso?
Quem não se indigna com teus males,
à exceção de Zeus? Ele com rancor sempre
se posiciona inflexível quanto ao pensamento,
subjuga a urânia raça,[15] nem cessará
até que sacie seu coração, ou que alguém com uma manobra
arrebate seu poder, que é difícil de conquistar.

PROMETEU
Sem dúvida, ainda de mim, embora torturado
nestas poderosas travas,
o chefe dos bem-aventurados necessitará,
para mostrar a nova decisão
que lhe tomará a honra e o cetro.
Nem com melífluos persuasivos
cantos mágicos me encantarão, jamais
por duras ameaças me apavoro, mas eu isto
instruirei, até que se afrouxe as rudes
correntes, e queira pagar pelos castigos indignos.

CORO
Tu, ousado, mesmo com amargas
angústias em nada cedes,
e falas com demasiada liberdade.
Um lancinante temor eriça minhas entranhas!
Temo por tua sorte, por onde um dia tu precisas
encontrar um porto seguro e ver o fim
destas penas! O filho de Crono[16] tem
caráter irredutível e coração inflexível.

PROMETEU
Sei que Zeus é duro e tem
junto a si a justiça; mas penso
que um dia teu caráter estará maleável,

quando te abateres em naufrágio!
Após dissipares tua implacável cólera,
virás apressado um dia para aliança
e amizade comigo, e estarei de prontidão.

CORO
Revela tudo e conta-nos tua história,
por qual acusação Zeus te aprisonou
e te ultraja com tanta desonra e amargura;
explica-nos, a não ser que te prejudiques com tua história.

PROMETEU
É doloroso para mim dizer isto,
mas dor é calar, de toda maneira, uma infelicidade.
Tão logo as divindades deram início à sua cólera
uma revolta se levantou entre eles,
uns queriam retirar Crono do seu trono,
para então Zeus reinar, os contrários empenhados
que Zeus jamais reinasse sobre os deuses,
então eu quis convencê-los do que seria melhor
para os Titãs,[17] filhos de Urano e de Ctono,[18]
mas não fui capaz; e os meus astutos artifícios
desprezaram com pensamentos terríveis,
imaginavam que sem esforço e à força me dominariam.
Mas minha mãe, não de uma única forma,
e de muitos nomes, Têmis e Geia,
previu como o futuro se cumpriria,
que não precisaria de força nem violência,
mas com engano os superiores dominariam.
Quando, em palavras, eu mostrei seus desdobramentos,
não avaliaram nem olharam para o todo.
Pareceu-me, dentro dessas circunstâncias,
que seria melhor aliar-me à minha mãe
e auxiliar de bom grado e agradável a Zeus.
Por meus conselhos, o tenebroso abismo
do Tártaro esconde o ancião Crono

com seus aliados. Com tais conselhos meus
o tirano dos deuses se beneficiou
e dá-me em troca estas terríveis dores.
Esse pensamento existe assim
na tirania, não confiar nos seus amigos.
O que me perguntais, o motivo pelo qual
me ultraja, esse tornarei claro.
Assim que se sentou no trono
paterno, logo distribuiu privilégios
distintos a diferentes divindades, organizou
seu poder, não teve consideração nenhuma
pelos miseráveis mortais, mas quis destruir
toda a sua raça, porque precisava criar uma nova.
E ninguém se contrapôs a isso, exceto eu.
Eu ousei. Libertei os mortais
para que não fossem destroçados e enviados ao Hades.
Por isso estou submetido a tais sofrimentos,
a sofrer com dores e a conhecer lástimas;
por ter sido piedoso com os mortais, disso
eu mesmo não fui digno, mas sem piedade
assim corrigido, que é para Zeus um espetáculo infame.

CORO
Quem é feito de ferro e de pedra,
Prometeu, não se indigna com teus sofrimentos.
Eu não precisaria tê-los visto,
após vê-los, meu coração ficou doído.

PROMETEU
Sem dúvida, aos amigos, eu sou lastimável de ver.

CORO
Talvez não foste um pouco longe?

PROMETEU
Detive os mortais para não que previssem a morte.

CORO
Qual remédio descobriste para esta doença?

PROMETEU
Eu coloquei cegas esperanças neles.

CORO
Presenteaste os mortais com esse grande benefício.

PROMETEU
Além disso, eu lhes concedi o fogo.

CORO
E agora os efêmeros têm o rubro ardente fogo?

PROMETEU
Do qual aprenderão muitas artes.

CORO
Sob tais acusações Zeus te —

PROMETEU
Maltrata-me, não relaxa meus males.

CORO
Não tens estabelecido o fim do teu tormento?

PROMETEU
Não há nenhum outro, exceto quando ele decidir.

CORO
Como decidirá? Qual a esperança? Não vês que
erraste? Para mim, não tenho prazer em dizer que erraste
e que para ti é doído. Mas deixemos isso de lado,
e busca uma forma de libertação deste sofrimento.

PROMETEU
É fácil para quem tem os pés fora
das misérias aconselhar e prevenir os que passam
por maus momentos; sabia bem de tudo isso.
por vontade, por minha vontade errei, não negarei.
Por ajudar os mortais, eu mesmo inventei essas penas.
Sem dúvida, não imaginava dores deste tipo
que eu seria consumido em elevadas rochas,
suportando essa erma e solitária colina.
Não lamentais pelas presentes dores,
colocai os pés na terra plana, escutai as sortes
que se aproximam, para saberdes o desfecho de tudo.
Acreditai em mim, acreditai, sofrei
com quem agora sofre. Isto é assim, a vagante dor
assenta-se ora sobre um, ora sobre outro.

CORO
Não escutamos isso sem que tenhas nos
encorajado, Prometeu. E agora com pé
ligeiro abandono este veloz carro
e o puro éter, rota das aves,
lanço-me nesta arrepiante terra,
mas sobre as tuas penas
quero ouvir absolutamente tudo.

OCEANO
Concluído o fim de uma longa jornada
venho a ti, Prometeu,
conduzindo esta ave de asas ligeiras
com pensamento sem freios.
Por tuas fatalidades, sabe, sofro contigo.
O parentesco, penso, assim
me força, e fora a linhagem comum,
não há a quem eu dê mais importância
ao destino que ao teu.
Reconhecerás isto como verdade, que não há em mim

a intenção de te ser agradável em vão; vai,
mostra-me em que preciso ajudar;
jamais dirás que tu tens
um amigo mais certeiro que Oceano.

PROMETEU
Vai! Que coisa é essa? Tu também vens
como espectador das minhas penas? Como ousaste deixar
a corrente que tem teu nome e as cavernas naturais
de tetos de rochas, vir para esta terra mãe
do ferro? Vieste para assistir minha sorte
e indignar-te comigo por meus males?
Olha o espetáculo, este é o amigo de Zeus,
que se juntou a ele para instituir sua tirania,
estou submetido a tais sofrimentos por ele.

OCEANO
Vejo, Prometeu, e quero aconselhar-te
o melhor, embora sejas ardiloso.
Conheça a ti mesmo e adota novos
modos; há um novo tirano entre os deuses.
Se endureces assim e lanças palavras provocativas,
mesmo sentado mais alto que tu, Zeus te
ouviria, e a profusão de dores agora presente
te pareceria brincadeira de criança.
Mas, ó infeliz, afasta-te das iras que tens,
procura a libertação destes sofrimentos.
Talvez eu te pareça antigo ao dizer isto.
Porém, do excesso de soberba
da língua, Prometeu, nasceram tais punições.
Tu jamais és humilde nem cedes aos males,
mas queres acrescentar outros aos presentes.
Então, utiliza-me como professor,
não dês murros em ponta de lança, vê que
o monarca é rude e comanda sem prestar contas.
E agora eu partirei e tentarei,

se for capaz, libertar-te destas penas;
tu acalma-te, não fala com audácia nem em excesso.
Sabes que, quando não se é muito prudente,
recebes um castigo pela língua tola?

PROMETEU
Invejo-te por te encontrares isento de culpa,
por participares de tudo e ousares comigo.
E agora te deixarei, que isso não te seja uma preocupação.
De todo modo, tu não o persuadirás; não é fácil de persuadir.
Cuida-te, para que não sofras algo pelo caminho.

OCEANO
Em muito és melhor em recobrar a razão dos outros
que a tua própria; e provo isso com atos e palavras.
Estou partindo, de modo algum te oponhas.
Confio, confio que Zeus me dará
este presente, de modo a libertar-te destas penas.

PROMETEU
Por isso te elogio e jamais cessarei disso!
Não careces de boa vontade. Mas não te esforces.
Não te esforces, em nada me são úteis
teus esforços, se também queres te esforçares em algo.
Mas acalma-te e te afasta.
Eu, não porque tive má sorte
gostaria que essas dores atingissem a muitos.
Não. Porque já me desgasto com a sorte
do meu irmão Atlas,[19] que em lugares do poente,
colocado de pé, a coluna do céu e a da terra
nos ombros sustenta, não é fardo fácil para os braços.
E me apiedei ao ver o habitante das cavernas cilícias,
nascido de Geia, um monstro destruidor,
com cem cabeças, dominando-o à força,
o furioso Tífon.[20] Que enfrentou todos os deuses,
com aterradoras mandíbulas sibilando terror,

dos olhos lançou um terrível olhar brilhante,
como se destruísse à força a tirania de Zeus.
Mas veio-lhe o dardo de Zeus vigilante,
que desce o raio extinguindo sua vida,
que o derrubou por seus altíssimos
estrondos. Ferido nas próprias entranhas,
sua força fulminada pelo raio, reduzido a cinzas.
E agora um inútil e estendido corpo
jaz imóvel perto do estreito marítimo,
pressionado, embaixo das raízes do Etna.[21]
E nos mais elevados cimos sentado, Hefesto
forja o fogo incandescente, de onde um dia rios de fogo
incendiarão, devorando com selvagens mandíbulas,
os planos campos da Sicília de belos frutos;
tal cólera Tífon inflamará com ardentes dardos
de monstruosa tempestade de fogo,
ainda que reduzido a cinzas pelo raio de Zeus.
Tu não és inexperiente, nem precisas de mim
como mestre; salva-te como sabes;
e eu suportarei a presente sorte
até a mente de Zeus abrandar sua cólera.

OCEANO
Então, Prometeu, não sabes que
palavras são médicos para a cólera doentia?

PROMETEU
Se na ocasião certa alguém amolecer seu coração,
sem que reduza à força seu ânimo intumescido.

OCEANO
Vês algum dano intrínseco nisso,
incentivá-lo e encorajá-lo? Explica-me.

PROMETEU
Excesso de sofrimento e irrefletida simplicidade.

OCEANO
Deixa-me adoecer deste mal, porque
é mais vantagem ser bem prudente sem parecer preocupado.

PROMETEU
Parecerá que esta falta é minha.

OCEANO
Nitidamente, teu discurso me reenvia para casa.

PROMETEU
Que teu lamento por mim não te leve à inimizade.

OCEANO
Com o que há pouco senta no todo-poderoso trono?

PROMETEU
Cuida para que seu coração nunca seja irritado por ti.

OCEANO
A tua desventura, Prometeu, é minha professora.

PROMETEU
Prepara-te, retorna, preserva tua presente intenção.

OCEANO
Quando eu já estava preparado, tu gritaste esta ordem.
A ave quadrúpede roça com suas asas
a límpida rota do ar! E alegre dobraria,
nos seus próprios estábulos, os joelhos.

CORO
Lamento por ti, por tua sorte
funesta, Prometeu!
Lágrimas escorrem dos olhos
ágeis, uma torrente molhando bochechas,

encharcou-me com suas úmidas fontes;
por estes eventos lamentáveis, Zeus,
com suas próprias leis governando,
mostra aos deuses de outrora
a sua sublime lança.

A região inteira já
retumba lamentosa
por tua magnífica
e antiga honra, lamentam
a dos teus consanguíneos;
e quantos habitam
a vizinha sede da pura Ásia,
os mortais sofrem com os altos
lamentos de tuas dores.

As virgens[22] que habitam a terra
da Cólquida,[23] intrépidas no combate,
e uma multidão da Cítia, os que habitam
o lugar dos confins da terra, em torno
do lago Meótide,
a flor belicosa da Arábia,
no alto penhasco os que habitam
uma cidade perto do Cáucaso,
o devastador exército, bramindo
com suas lanças pontiagudas.

Somente diante de outro Titã
vi, em penas incessantes,
dominado por flagelos, o deus
Atlas, que sempre possante pelo forte poder
... a esfera celeste
geme nas costas escarpadas.

Grita através das ondas do mar,
Afundando, geme no fundo do mar,

reverbera no interior da terra, no negro Hades,
e as correntezas dos puros rios
gemem por sua dor digna de piedade.

PROMETEU
Não por obstinação, penseis que me calo,
nem por orgulho; meu coração está corroído
pela inquietação ao ver-me tão ultrajado.
Porém, qual outro além de mim definiu
inteiramente os privilégios desses novos deuses?
Mas calo-me sobre isso. De fato, eu diria a vós,
que já o sabeis; e as dores existentes entre os mortais
Ouvi: como eles eram tolos antes de eu
torná-los inteligentes e senhores dos seus desejos.
Digo isso sem ter nenhuma reprovação aos homens,
mas para explicar a bondade do que lhes doei;
os que antes o viam, viam em vão,
ouvindo, não ouviam, mas como formas
de sonhos, durante sua longa vida
combinavam tudo ao acaso, não havia
casa de tijolos cozidos ao sol, nem madeira trabalhada;
habitavam embaixo da terra, como ágeis
formigas, nos fundos das cavernas sem sol.
Não tinham nenhum sinal, nem do inverno,
nem da florida primavera, nem tinham a segurança
dos frutos férteis no verão, mas faziam tudo
sem conhecimento, até eu ter-lhes mostrado
o nascer e o ocaso dos astros difíceis de ver.
Além disso, o número; extraordinária invenção,
inventei para eles, a composição de letras,
a memória de tudo, a artífice mãe das Musas.[24]
Coloquei primeiro os animais que se submetem
a cangas sob jugos, para que sucedessem
os mortais nos trabalhos mais penosos
conduzi cavalos dóceis sob o carro,
ornamento luxuoso próprio do muito rico.

E os carros dos navegantes, com velas de linho,
errantes pelo mar, ninguém além de mim os inventou.
Após ter inventado tais artifícios, infeliz de mim,
para os mortais, eu mesmo não tenho um invento
com que me livre do presente sofrimento.

CORO
Sofreste indigna dor e perdeste a razão
com desvario, como um mal médico que cai
doente, preocupa-te, não podes
descobrir quais remédios são curáveis.

PROMETEU
Mais te espantarás se ouvires de mim o resto,
quais artes e saídas eu imaginei.
O principal, se alguém caía doente,
não havia nenhuma defesa, nem comestível,
nem unguento nem bebida, mas, por carência
de remédios, definhavam, até que eu lhes
mostrei as misturas dos remédios curadores,
com os quais afastariam de si todas as doenças.
E provi muitas formas de adivinhação,
o primeiro que discerniu entre os sonhos, o que deve
se concretizar, sobre presságios de difícil interpretação
dei-lhe ciência dos sinais que se encontram pelos caminhos.
O voo das aves de garras curvas, com exatidão,
discerni, quais são os propícios por natureza
e os sinistros, e o modo de vida
que tem cada um deles, quais são seus ódios,
amores e companhias entre si;
a lisura das estranhas, qual cor
tem a bile que será um prazer às divindades

e a beleza variante da forma do fígado;
quando queima membros cobertos de gordura e
largo lombo, encaminhei os mortais para a arte

difícil de formular presságios, e os ensinei
sinais através do fogo, que antes lhes eram obscuros.
De certo modo é isso; embaixo da terra
os homens tinham coisas úteis escondidas,
como cobre, ferro, prata e ouro, quem lhes
diria antes de mim o descoberto?
Ninguém, sei muito bem, sem querer dizer falácias.
Em suma, aprende tudo com uma breve frase,
os mortais receberam todas as artes de Prometeu.

CORO
Não ajudes os mortais além do justo,
e não descuideis da tua má sorte; eu estou
com a esperança de que, além de te livrares
destas correntes, não serás menos poderoso que Zeus.

PROMETEU
Ainda não é assim que a Moira,[25] que tudo decide,
ordenou que se execute, mas dobrado pelas dores
e calamidades, assim escapo das correntes;
a arte é mais fraca que a necessidade, em muito.

CORO
Quem é o timoneiro da necessidade?

PROMETEU
As Moiras triformes e as memoriosas Erínies.[26]

CORO
Então, Zeus é mais fraco que elas?

PROMETEU
Então, não poderia escapar do destino.

CORO
Que destino tem Zeus, exceto ser sempre poderoso?

PROMETEU
Isso ainda não poderias saber, nem insistas.

CORO
Se for algo venerável que escondes.

PROMETEU
Lembrai de outro argumento, isto nunca
é inconveniente dizer, mas deve ser escondido
o máximo possível; ao preservar isto, eu
escapo destas calamidades e correntes indignas.

CORO
Nunca, Zeus, que tudo distribui,
coloque seu poder contra a minha vontade,
nem eu pare de observar aos deuses
as festas sagradas
com bois mortos junto à corrente inextinguível do pai Oceano,
nem me faltem as palavras;
mas que isto permaneça em mim
e jamais se dissolva;

É algo doce, com ousadas esperanças,
prolongar a longa vida, fortalecer
o peito nas radiantes alegrias,
e eu estremeço ao ver-te
por mil sofrimentos dilacerado.
Ao não tremer diante de Zeus,
por vontade própria, honras
os mortais em excesso, Prometeu.

Vamos! Como é um favor o teu favor,
amigo? Diz-me, onde tens alguma proteção?
Qual é a ajuda dos efêmeros? Não percebeste
a fraqueza extenuante,
semelhante a um sonho, que está atada

à cega raça dos mortais? Nunca —
as vontades dos mortais transgridem a harmonia de Zeus.

Aprendi isto ao contemplar tuas
funestas sortes, Prometeu.
Uma melodia voou até mim muito diferente
daquela que cantei no banho
e no leito por teu himeneu,
quando casado, conduziste a minha irmã Hesíone às núpcias,
persuadindo a esposa no leito comum.

IO
Qual terra? Qual raça? Quem devo dizer que é este
que vejo nestes laços pétreos
exposto?
Por qual erro passas por estas penas?
Mostra-me em que lugar
da terra tornei-me desgraçada.
Ah! Ah! Oh! Oh!
Infeliz! Um aguilhão pica-me novamente?
Um espectro de Argo,[27] filho da terra; foge, ah, por Geia!
Estou com medo,
porque vi o boiadeiro de mil olhos.
Que caminha com olhar enganoso,
que nem morto a terra o encobre.
Mas me caça, infeliz,
vindo de baixo da terra, vaga
faminto pela a areia do litoral.

A flauta sonora moldada com cera
ressoa uma sonífera melodia;
ó ó pelos deuses! Aonde errantes desvios me levam?
O que, ó filho de Crono, o que descobriste
de errado para colocar-me sob o jugo destas dores,
Oh! Oh!
Com arrebatado medo, miserável

louco assim me oprimes?
Queima-me no fogo, ou esconda-me na terra, ou
dá-me como pasto às feras do mar,
não refutes minhas preces, soberano.
As errantes errâncias fatigaram-me
o bastante, não posso compreender como
escapar das dores.
Ouves a voz da virgem com chifres de touro?

PROMETEU
Como não ouço a virgem aguilhoada,
filha de Ínaco,[28] a que inflama o coração de Zeus
de amor, e agora, por longas corridas,
odiada por Hera,[29] à força se fatiga?

IO
De onde tu ressoas o nome do meu pai?
Diz para mim, a esta triste, quem és,
ó infeliz, que me chama pelo verdadeiro nome,
uma miserável,
e mencionaste a doença enviada pelo deus,
que me consome picando-me com seus aguilhões loucos?
Oh!Oh!
Aos pulos, com torturas da fome,
impetuosa vim, submetida
pelos rancorosos planos de Hera.
Dentre os infelizes, quem, oh, oh,
são os que sofrem como eu?
Mas aponta-me claramente
o que me aguarda
por sofrer; qual expediente, ou qual é o remédio da doença?
Mostra-me, se é verdade que o conheces;
grita, explica para esta virgem tristemente errante.

PROMETEU
Direi-te claramente tudo o que desejas saber,
não envolverei enigmas, mas sem rodeios,
tal como é justo aos amigos abrir a boca.
Vês Prometeu, o doador do fogo aos mortais,

IO
Ó tu, como um benfeitor comum aos mortais, revelado,
miserável Prometeu, por qual punição sofres isto?

PROMETEU
Já parei de lamentar as minhas penas.

IO
Então não me darias este presente?

PROMETEU
Diz o que pedes; tudo saberás de mim.

IO
Explica o que te prendeu neste precipício.

PROMETEU
A vontade de Zeus e a mão de Hefesto.

IO
Por quais das tuas faltas cometidas expias?

PROMETEU
Só com isso que te expliquei está claro.

IO
E, além disso, aponta o fim da minha errância,
quanto tempo terei como sofredora.

PROMETEU
Para ti, é melhor não saber que saber isto.

IO
Não me escondas o que devo sofrer.

PROMETEU
Mas não te recuso este presente.

IO
Por que então demoras a dizer alto tudo?

PROMETEU
Não há nenhum empecilho, mas temo perturbar teu espírito.

PROMETEU
Não te preocupes com o que é mais doce para mim.

IO
Visto que desejas, preciso dizer; escuta então.

CORO
Ainda não; concede-me também uma parte de prazer.
Primeiro a interroguemos sobre sua doença,
que ela própria nos conte sobre a sua sorte funesta;
o restante das suas penas, que saiba de ti.

PROMETEU
Tua tarefa, Io, é prestar um favor a estas,
por muitas razões, por serem irmãs do teu pai.
Porque lamentar e chorar os acontecimentos da sorte lá,
onde se iria levar lágrima
aos que escutam, é uma ocupação digna.

IO
Não sei como eu preciso vos obedecer,
mas, com um relato claro, dizei tudo o que
desejais; Porém, ao contar, envergonho-me
da calamitosa doença enviada pelo deus, a perda

da minha forma, que se abateu sobre mim, miserável.
Sempre visões noturnas me frequentavam
nas moradas das virgens, que me consolavam
com doces palavras "Ó tão feliz jovem,
por que prolonga tua virgindade, se tu podes ter
a maior núpcia? Zeus está inflamado pelo dardo
do teu desejo e quer celebrar Cípris[30] contigo;
e tu, ó criança, não "desprezes o leito
de Zeus, mas vai para o profundo lago
de Lerna,[31] aos rebanhos e manadas de boi do pai,
para que a visão de Zeus se alivie do desejo".
Por tais sonhos, todas noites,
era oprimida, infeliz, até que ousei contar
os meus sonhos noturnos ao meu pai.
Ele enviava sábios mensageiros para consultar
os oráculos de Delfos[32] e Dodona,[33] para saber o que devia
fazer ou dizer para agir de modo agradável às divindades.
Voltavam anunciando ambíguos oráculos
obscuros, ditos de modo difícil de compreender.
Por fim, luminosa palavra profética veio a Ínaco,
claramente prescrevendo e relatando
que me expulsasse de casa e da pátria,
livre para errar até os confins da terra,
se não quisesse que de Zeus viesse
um raio feito fogo que destruiria toda a sua raça.
Persuadidos por tais vaticínios de Lóxias,[34]
expulsou-me e impediu-me entrar no palácio,
contra a sua vontade e a minha; mas foi impelido
pelas rédeas de Zeus a fazer isto à força.
Imediatamente forma e espírito meus foram alterados,
com estes chifres, como vedes; fui picada
por agudo esporão, com enlouquecidos pulos,
saltei no curso da potável água de Cércea[35]
e na fonte de Lerna; um simples boiadeiro
nascido da terra, o colérico Argo, seguia-me
com firmes olhos, olhando cada pegada minha.

E inesperadamente a morte privou-lhe
de sua vida. Mas eu vago errante,
pelo chicote divino, de terra em terra.
Ouves o ocorrido; e se podes dizer o que resta
das minhas penas, aponta, não me consola, por piedade,
com falsas palavras; digo que a doença
mais vergonhosa são as palavras inventadas.

CORO
Ah! Ah! Afasta-te! Ai!
Nunca, nunca eu diria que tão estranhas
palavras chegariam aos meus ouvidos,
nem que congelariam a minha alma
com um aguilhão de dois gumes,
dores, flagelos, medos difíceis e insuportáveis de ver
Ó ó destino, destino!
Estremeço ao ver a situação de Io.

PROMETEU
Gemes antes do tempo e estás cheia de medo;
Aguarda até que conheças o que te resta.

CORO
Diz, explica; é doce aos doentes
conhecer claramente antes a dor que lhe resta.

PROMETEU
Teu pedido anterior foi atendido por mim
com facilidade; primeiro queríeis saber
do tormento dela relatado por ela;
agora escutai o resto, quais sofrimentos
enviados por Hera é preciso que esta jovem suporte.

Tu, semente de Ínaco, as minhas palavras
guarda no coração, para que conheças o fim da viagem.
Primeiro, daqui para onde nasce o sol,

volta-te e vá para os campos que não estão arados;
chegarás aos nômades citas, que habitam altos
telhados trançados com rodas de carros,
armados com arcos que atingem o alvo;
não te aproximes deles, mas toca teus pés
nas ruidosas rochas costeiras para atravessar a terra.
À tua mão esquerda, habitam os artífices do ferro,
os cálibes, de quem tu deves te proteger,
são selvagens e não são acessíveis aos estrangeiros.
E chegarás ao rio Hibriste, que não tem falso nome,[36]
que não atravessarás, não é fácil de atravessar,
antes que vás até o Cáucaso, dentre as montanhas,
a mais alta, lá um rio jorra pela força
dos flancos das montanhas. É preciso
passar por cima dos topos, vizinhos das estrelas,
e descer seguindo o lado sul, lá chegarás ao exército
das Amazonas[37] que odeiam homens, as que um dia
habitarão Temiscira,[38] em torno do Termodonte,[39]
onde está Salmidesso,[40] áspera mandíbula do mar,
hóspede hostil para os nautas, madrasta das naus;
elas te conduzirão pelo caminho, e muito alegremente.
Chegarás ao istmo da Ciméria,[41] nas mesmas estreitas
portas do lago, que, de coração ousado, tu precisas
deixar e atravessar o estreito de Meótis;[42]
entre os mortais para sempre haverá grandes relatos
da tua travessia, este se chamará Bósforo.[43]
Após deixar a planície da Europa,
chegarás ao continente da Ásia. Parece-vos
que o tirano dos deuses é por igual em tudo
violento? O deus, por desejar
unir-se com a esta mortal, impôs-lhe estas errâncias.
O pretendente das tuas bodas, ó jovem, toca
a amargura. As palavras que agora ouviste,
pense que tu não tens ainda nem os proêmios.

IO
Ai de mim, ai de mim! Ah! Ah!

PROMETEU
Tu gritaste outra vez e estás mugindo; que
farás, quando souber do restante dos teus males?

CORO
Dirás o que resta de sofrimentos para esta?

PROMETEU
Um tempestuoso mar de miserável cegueira.

IO
Qual a vantagem da minha vida então, mas por que
não me atirei logo desta rocha escarpada,
para cair no chão e de todas as penas
livrar-me? É melhor morrer de uma vez
que sofrer terrivelmente todos os meus dias.

PROMETEU
Dificilmente suportarias os meus tormentos,
quando não é o meu destino morrer;
essa seria a libertação das minhas penas;
na realidade, não tenho nenhum fim proposto
às minhas misérias, até que Zeus caia da sua tirania.

IO
Será que um dia Zeus cairá do poder?

PROMETEU
Seria um prazer, penso, ver este acontecimento.

IO
Como não, se por causa de Zeus sofro terrivelmente?

PROMETEU
Podes alegrar-te porque é assim.

IO
Por quem o cetro do tirano será tomado?

PROMETEU
Por ele mesmo, pelas suas desajuizadas decisões.

IO
De que modo? Esclarece, se não te for um dano.

PROMETEU
Contrai casamento tal, que um dia se aflingirá.

IO
Com uma deusa, ou com um mortal? Se podes dizer, diz.

PROMETEU
Por que com quem? Isso não pode ser dito.

IO
Por sua esposa será expulso do trono?

PROMETEU
Ela dará à luz um filho mais forte que o pai.

IO
Ele não tem como escapar dessa sorte?

PROMETEU
Não, exceto eu, quando liberto destas correntes.

IO
Quem será o teu libertador, contra a vontade de Zeus?

PROMETEU
É preciso que seja um dos teus descendentes.

IO
Como disseste? Um filho meu irá te libertar destes males?

PROMETEU
Na terceira geração depois de outras dez gerações.

IO
Este oráculo ainda não é fácil de adivinhar.

PROMETEU
Nem busques conhecer tuas penas.

IO
Não me prives de uma vantagem se a ofereceste a mim.

PROMETEU
Eu te concederei um dos dois relatos.

IO
Quais são os dois? Mostra antes, concede-me a escolha.

PROMETEU
Eu te concedo; escolhe, ou te direi claramente
o restante das tuas penas, ou quem irá me libertar.

CORO
Escolha fazer um favor para mim
e outro para ti, não nos julgues indignas de teu relato;
a esta, o que acontece durante o resto da sua errância,
e a mim, quem será o libertador. Isso desejo.

PROMETEU

Porque o desejais, não me oporei
a contar tudo o que me perguntardes.
A ti primeiro, Io, direi sobre tua agitada errância,
que, tu, grava nas memoriosas tabuinhas da mente.
Quando atraversares a corrente limite dos dois continentes,
segue em direção à flamejante nascente do sol,
atravessado o rumoroso mar, até alcançares
a planície gorgóneas, em Cistene,[44] onde
as Fórcides[45] habitam, três velhas virgens
em forma de cisnes, que têm um olho em comum,
um único dente para elas, que nem o sol as contempla
com seus raios nem à noite a lua, nunca.
Perto delas, há três irmãs aladas,
cobertas de serpentes, Górgones,[46] odiosas para os mortais.
As que nenhum mortal terá respiro ao ver;
tal é essa fortaleza que te descrevo.
E escuta outro espetáculo desagradável;
das mandíbulas afiadas dos cães de Zeus que não ladram
protege-te, e o exército dos homens de um olho só
dos cavaleiros arimaspos, que habitam
junto à aurífera corrente do rio Plutão;[47]
não te aproximes deles. Chegarás a uma terra
distante, a uma raça negra, os homens que habitam
próximos da fonte do sol, lá no rio Etíope.[48]
Segue beirando as escarpas, até que chegues
à queda do rio, lá onde o Nilo, das montanhas Biblinas,[49]
derrama sua venerável corrente de água potável.
Ele te guiará direto à triangular terra
Nilótis,[50] onde uma grande colônia,[51]
Io, a ti e a teus filhos está destinado fundar.
Se alguma destas coisas te ficou desarticulada e incógnita,
interroga de novo e procura saber com clareza;
tenho mais tempo livre do que eu queria.

CORO
Se puderes contar sobre o que resta
da sua muito perdida errância,
diz; mas se já disse tudo, concede-nos o outro favor
que te pedimos antes; talvez estejas lembrado.

PROMETEU
Ela já ouviu sobre todo o fim da sua viagem.
Para que saiba que não me escutava em vão,
direi os sofrimentos que suportou antes de vir aqui,
essa é uma prova que dou das minhas palavras.
Ocultarei a maior parte dessa profusão de palavras,
irei para o fim das tuas errâncias.
Visto que chegaste ao plano terreno da molóssia,
junto a Dodona, situada no cume da montanha, onde
há o oráculo e um trono de Zeus Tesproto,[52]
prodígio incrível, os carvalhos conversadores,
pelos quais tu claramente e sem nenhum enigma
foste saudada como a futura célebre
esposa de Zeus; alguma dessas coisas te agrada?
De lá, em fúria aguilhoada, o caminho costeiro
seguindo, chegaste ao grande golfo de Reia,[53]
de onde foste sacudida pela tempestade em cursos errantes;
em tempos futuros, o mar profundo,
claramente sabes que se chamará Iônio,[54]
uma lembrança da tua passagem para todos os mortais.
Tens estes sinais de que meu pensamento,
vê algo mais além do que foi manifesto.
O resto a vós e a esta em conjunto direi,
indo pelo mesmo sentido das palavras anteriores.
Existe uma cidade, Canopo,[55] a última da região,
junto à mesma embocadura e aluvião do Nilo;
lá então Zeus te coloca cordata
roçando-a com sua destemida mão, tocando-a apenas.
Terás o nome dos descendentes de Zeus,
darás à luz ao negro Épafo,[56] que colherá

quanto o Nilo de larga correnteza irrigar a terra;
cinco gerações depois, cinquenta jovens
retornarão a Argos, não por sua vontade,
um feito feminino, fugindo do casamento consaguíneo
com primos irmãos; eles, afetados nas mentes pela paixão,
falcões deixados não muito longe das pombas,
chegarão caçando casamentos que não se pode caçar,
mas o deus terá inveja dos seus corpos.
A terra pelásgia os receberá dominados por Ares,
que mata pela mão de uma mulher, com audaz vigília;
cada mulher privará a cada marido de sua vida,
uma faca de dois gumes cravada em suas gargantas;
que Cípris venha assim para os meus inimigos.
E o desejo enfeitiçará uma das meninas
para não matar o marido, mas ela abrandará
o espírito; entre as duas opções, desejará
ser chamada de fraca mais que de assassina;
ela dará à luz a linhagem real de Argos.
Isso precisa de um longo discurso para relatar com clareza.
Desta semente nascerá um audacioso,
célebre por seu arco, que me libertará
destas penas. Tal oráculo, a nascida há muito,
a minha mãe titânide Têmis;
mas como e onde, isso precisa de um longo discurso
para ser contado, tu não ganharás nada em saber.

IO
Eleleu, eleleu![57]
Outra vez, uma convulsão e alucinantes
delírios inflamados por mim, e a ponta do aguilhão
não forjado no fogo me pica.
o coração de medo bate no peito,
os olhos giram e giram em espirais,
levada para fora do curso pelo vento louco
da fúria, sem o domínio da língua;
alucinadas palavras chocam-se ao acaso
contra as ondas da odiosa cegueira do espírito.

CORO

Sábio, sim, sábio foi
quem primeiro avaliou isto no pensamento
e com a língua expressou em palavras,
que é muito melhor desposar um igual,
e não por quem se enfraquece pela riqueza,
nem por quem se orgulha pela sua origem,
não se enamorar pelo casamento, quando pobre.

Nunca, nunca,
ó Moiras de vida longa, vejais me tornar
uma mulher dos leitos de Zeus;
nem me una a um marido desses vindos do céu!
Assusto-me ao ver a virgem Io,
que não o aceita como esposo, consumida
nas infelizes errâncias por castigos vindos de Hera.
Não tenho medo quando o casamento é
com um igual; o que me atemoriza
é o amor dos deuses mais poderosos
fitar-me com seu olhar infalível.
Esta guerra não se guerreia, é uma saída sem saída;
nem sei quem me tornaria;
não vejo como escaparia
da astúcia de Zeus.

PROMETEU

Sem dúvida, Zeus ainda, embora arrogante
de espírito, será humilde, prepara-se
para contrair núpcias que o derrubarão,
diminuído do trono e da tirania; então já se cumprirá
plenamente a imprecação lançada por seu pai Crono,
que imprecou que seria derrubado do longevo trono.
Nenhum dos deuses poderia mostrar com clareza
a solução desses males, a não ser eu.
Isso eu sei e de que modo. Por isso, agora
que ousado tome assento confiante nos estrondos celestes,

e brandindo nas mãos o flamejante dardo.
Nada disso lhe bastará para que não caia
sem honra em tombos insuportáveis;
tal é o rival que agora ele mesmo prepara
contra si mesmo, invencível prodígio;
que descobrirá uma flama mais forte que o raio,
um forte estrondo ultrapassando o do trovão,
a doença marinha que abala a terra,
o tridente, a lança de Posídon,[58] dissipará.
Depois de chocar-se contra este mal, aprenderá
O quanto é diferente governar e ser escravo.

CORO
Tu, o que predizes, isso proferes contra Zeus.

PROMETEU
O que se cumprirá, além do que eu digo que quero.

CORO
E esperar que alguém deva dominar Zeus?

PROMETEU
E terás dores mais difíceis de suportar que estas.

CORO
Como não temes emitir tais palavras?

PROMETEU
O que temeria, se não estou destinado a morrer?

CORO
Mas encontraria para ti uma dor ainda mais penosa.

PROMETEU
Que faça! Tudo é esperado por mim.

CORO
Os que reverenciam a Adrasteia[59] são sábios.

PROMETEU
Venera, ora, adula sempre quem exerce o poder.
Para mim, Zeus importa menos que nada.
Que aja, que exerça o poder, por este breve tempo,
do modo que queira; não haverá um longo poder aos deuses.
Mas observo que este mensageiro de Zeus,
o servo do novo tirano;
veio para anunciar algo completamente novo.

HERMES
A ti, ao sofista, ao rude muito amargo,
aos que erram com os deuses concedendo
honra aos efêmeros, ao ladrão de fogo, digo;
o pai ordenou que contes quais núpcias anuncias,
além do fato de que ele cai do poder;
Porém, nada disso por enigmas,
mas esclarece cada um dos fatos; não me imponhas
duplicadas viagens, Prometeu; vês que
Zeus não é complacente com os do teu tipo.

PROMETEU
Arrogante e cheio de orgulho
é esse teu discurso, como o de um servo dos deuses.
Novos sois, há pouco tendes o poder e de fato julgais
habitar inabaláveis fortalezas; não é que delas
eu vi cair dois tiranos?
E o terceiro, o que agora reina, verei
em desonra e rápido. Parece-te que eu tenho
algum tipo de medo e que temo os novos deuses?
Estou muito distante de tudo. Mas tu
apressa-te à volta pelo caminho que vieste;
não saberás nada do que me perguntas.

HERMES
Porém, antes, com tais traços de arrogância,
ataste a ti mesmo nestes sofrimentos.

PROMETEU
Eu não trocaria meu revés
por teu serviço, sabe claramente.

HERMES
É melhor, penso, servir esta pedra
a ser o fiel mensageiro de Zeus pai?

PROMETEU
Assim, deve-se ultrajar os que te ultrajam.

HERMES
Parece que te orgulhas da presente situação.

PROMETEU
Orgulho-me? Que eu visse os meus inimigos
orgulhosos assim; e digo que tu também estás entre eles.

HERMES
Acusas-me também por tuas desgraças?

PROMETEU
Sem rodeios, odeio todos os deuses,
que passam bem maltratando-me injustamente.

HERMES
Eu te escuto delirando por uma doença grave.

PROMETEU
Estaria doente, se odiar os inimigos fosse uma doença.

HERMES
Não serias suportável, se estivesses bem.

PROMETEU
Ai de mim!

HERMES
Ai de mim! Essa palavra[60] Zeus não conhece.

PROMETEU
Mas o tempo envelhecendo ensina tudo.

HERMES
Sem dúvida, tu ainda não sabes ser prudente.

PROMETEU
Não te ouviria, sendo tu um servo.

HERMES
Parece que não dirás nada que o pai deseja.

PROMETEU
Sem dúvida, em dívida, pagaria-lhe um favor.

HERMES
Zombaste de mim, como se eu fosse uma criança.

PROMETEU
Tu não és criança, e ainda mais néscio que uma,
se esperas saber de mim algum tipo de informação?
Não existe tortura nem artifício, com o qual
Zeus me constrangerá a contar isto,
antes de abrir estas injuriosas correntes.
Além disso, que lance sua incandescente flama,
com a mais alva alada neve e com trovões
do fundo da terra, que agite tudo e perturbe.

Nada disso me curvará de modo a dizer
por quem deve ser derrubado da tirania.

HERMES
Vê se isso te parece um auxílio.

PROMETEU
Há muito isso está visto e decidido.

HERMES
Ousa, ó tolo, ousa uma vez,
pelos sofrimentos presentes, pensar bem.

PROMETEU
Agita-me em vão como uma onda para dizer.
Que jamais te sobrevenha que eu, por temer
uma decisão de Zeus, terei um espírito feminino,
e persistirei em longa lamentação
com imitações femininas das suas mãos em súplicas
para livrar-me destas correntes; estou longe disso.

HERMES
Parece que, falando muito, falarei em vão;
não te comoves em nada, nem te acalmas com minhas
súplicas; mas mordes o freio como um potro
recém-atrelado, reage com violência e luta contra as rédeas.
Mas prevaleces com um inconsistente artifício.
A arrogância de quem não pensa bem
ela em si mesma, tem força maior que nada.
Observa, se não te convences com minhas palavras,
como cairá sobre ti uma inevitável tripla onda
de tormentas e males; primeiro, este áspero
precipício com um trovão e um raio flamejante
o pai fará em pedaços, e encobrirá teu corpo,
um abraço de pedra te pressionará.
Após cumprires uma longa duração no tempo,

irás de retorno à luz; e o cão alado
de Zeus, a vermelha águia, vorazmente
dilacerará um grande pedaço do teu corpo,
não convidado vindo como conviva o dia inteiro,
virá regalar-se com teu negro e corroído fígado.
Não esperes o fim deste suplício,
antes que apareça um dos deuses como sucessor
das tuas penas, e que queira ir até o escuro
Hades e nas sombrias profundezas do Tártaro.
Além disso, reflete que isto não é invenção
alarmista, mas dito sem dúvida;
a boca de Zeus não sabe mentir,
mas cumpre cada palavra. E tu
olha e reflete, não penses um dia
que a arrogância é melhor que um bom conselho.

CORO
Parece-nos que Hermes não diz nada
impróprio; pede que tu abandones tua arrogância
e procures o sábio bom conselho.
Crê, é vergonhoso para um sábio errar.

PROMETEU
Sabedor destas notícias, para mim,
que gritaste, um inimigo passar mal
nas mãos dos inimigos não é nada estranho.
Além disso, que lance sobre mim
o raio de fogo espiralado de dois gumes, e sacuda
o céu com um trovão e uma tormenta
de ventos selvagens; que a ventania abale a terra
desde suas profundezas com suas raízes,
onda do mar com rouco ruído das vagas
confunda os caminhos
dos astros celestes, e lance o meu corpo
para o alto em direção ao negro Tártaro
nos terríveis turbilhões da necessidade;
de todas as formas, não me matará.

HERMES

Porém, tais decisões e palavras
podem ser ouvidas dos espíritos alucinados.
O que resta para que a súplica deste
não seja um desatino? O que acalma suas loucuras?
Mas vós, que partilham
dos seus sofrimentos, parti rapidamente
destas terras para algum lugar,
para que o mugido intratável do trovão
não aturda vossas mentes.

CORO

Diz outra coisa e aconselha-me
o que de fato me persuadirás; não
esta fala intolerável que rompeste.
Como me pedes para fazer uma maldade?
Com ele quero sofrer o que é preciso;
aprendi a odiar os traidores,
e não existe doença
que abomine mais que esta.

HERMES

Mas lembrai o que eu predisse,
nem capturadas pela cegueira do espírito
censurais a sorte, nem jamais digais
que Zeus vos atirou de improviso
nesta dor; mas a não ser vós
a vós mesmas. Sabendo disso,
não de repente nem às ocultas
na implacável rede da cegueira do espírito
sereis envolvidas pela perda da razão.

PROMETEU

Sem dúvida, por ação e não mais por palavra,
a terra foi sacudida.
E um eco de trovão do fundo dela

muge, e lampejos espiralados dos relâmpagos
brilham, turbilhões fazem rodopiar o pó;
e saltam ventanias de todos os ventos
batendo-se uns contra os outros,
uma agitação dos ventos soprando em contrário;
o céu se confunde com o mar.
Vem de Zeus sobre mim claramente
tal agitação feita de terror.
Ó minha mãe venerável, ó céu
que girando a luz comum a todos,
vês que injustiça sofro!

NOTAS

[1] Personificação da Poder, pertence à raça dos Titãs, filho de Estige e Palas, conforme nos relata Hesíodo em *Teogonia*, 383-385.

[2] Região situada na costa do Mar Negro, famosa por seus exímios arqueiros.

[3] Deus do fogo.

[4] Notamos que Ésquilo segue a tradição homérica na qual Hefesto aparece como filho de Zeus e de Hera, consultar *Ilíada* I, 571-579.

[5] Filho de Crono e Reia, soberano dos deuses e dos homens.

[6] Personificação da Força ou da Violência.

[7] Prometeu era tio de segundo grau de Hefesto, também primo de Zeus.

[8] É uma Titânide, filha de Urano e de Reia, deusa da Lei. Têmis foi a segunda esposa de Zeus.

[9] Ésquilo faz um jogo de palavras com o nome de Prometeu, aqui no acusativo singular, Προμηθέα (*Promēthéa*) com o substantivo προμηθέως (*promēthéōs*), que optamos por traduzir por "previsão".

[10] Filha de Urano e de Geia, Tétis personifica a fecundidade feminina do mar, sendo a mais jovem das Titânides. Casou-se com Oceano e teve com ele mais de três mil filhos, número que os antigos gregos acreditavam como sendo o de todos os rios do mundo.

[11] Personificação da água que cerca o mundo. Divindade casada com Tétis, com quem gerou todos os rios e as Oceânides que deram origem aos riachos, fontes, e os demais cursos d'água.

[12] Monte situado na região da Tessália, onde os gregos acreditavam que os deuses habitavam.

[13] Morada dos mortos, cujo deus reinante também se chamava Hades.

[14] Elemento primordial da Cosmogonia, o Tártaro é a região mais profunda do mundo, que os gregos acreditavam estar situada abaixo do Hades. Eles acreditavam, também, que a distância entre o Hades e o Tártaro era a mesma que havia entre Urano (personificação do Céu) e Geia (personificação da Terra).

[15] Os descendentes de Urano, tal como Prometeu, que era filho de Iápeto, então neto de Urano.

[16] Filho de Urano e de Geia, gerou Zeus com esposa Reia.

[17] Nome dado aos seis filhos de Urano e de Geia (Oceano, Urano, Crio, Hipérion, Iápeto, Crono) e suas seis irmãs são conhecidas como Titânides (Tia, Reia, Têmis, Mnemôsine, Febe e Tétis).

[18] Outro nome dado à Geia, a personificação da Terra. No entanto há distinção de que Geia está relacionada à superfície da Terra, e Ctono com a parte subterrânea.

[19] Filho de Iápeto e da Oceânide Clímene, é irmão de Prometeu e Epimeteu. Gigante que Zeus condenou Atlas a sustentar a abóbada terrestre, após a vitória do Olimpicos sobre os Gigantes, na conhecida Gigantomaquia.

[20] O filho mais novo de Geia e do Tártaro, um ser monstruoso, intermediário entre o homem e uma fera. Era o mais forte de todos os filhos de Geia, maior que todas as montanhas e a sua cabeça tocava nas estrelas. Em vez de dedos, Tífon tinha dragões em suas mãos, com sua cintura cercada por víboras, também possuía asas e os seus olhos soltavam fogo. Ao abrir os braços, as mãos de Tífon atingiam o Oriente e o Ocidente. Quando Tífon resolveu atacar o céu, os deuses fugiram para o Egito e se esconderam no deserto. Apenas Zeus e Atena resistiram ao ataque de Tífon, o combate aconteceu no monte Cásio, entre o Egito e a Arábia, quando Zeus o fulminou com os seus raios. Consultar: Apolodoro, *Biblioteca*, I, 6, 3.

[21] Vulcão situado na ilha da Sicília, no sul da Itália.

[22] Trata-se das Amazonas.

[23] Localizada na Ásia Menor, próxima ao Ponto Euxino. Famosa por ser a terra natal de Medeia, a personagem retratada na célebre peça homônima de Eurípides.

[24] As Musas eram filhas da deusa Mnemôsine (personificação da Memória) e de Zeus pai e trazem ora o epíteto de Piérides, ora de Helicônias. Elas eram em número nove; a saber: Calíope (poesia épica), Clio (história), Euterpe (lírica e música de flauta), Melpômene (tragédia), Terpsicore (dança), Erato

(hinos e música para lira), Polímnia (cantos sacros), Talia (comédia) e Urânia (astronomia).

[25] Μοῖρα (*moîra*), ou moira, está relacionada ao "destino", "ao quinhão que cabe ao mortal quando nasce". O substantivo μοῖρα (*moîra*) está presente no nome das três divindades conhecidas como as Moiras, personificação do destino humano, do quinhão que lhe cabe durante a sua vida. As Moiras são três irmãs, Átropo, Cloto e Láquesis, que regulavam a duração da vida, com a ajuda de um fio a primeira fiava, a segunda enrolava e a terceira cortava, simbolizando o nascimento, a vida e a morte do ser humano.

[26] Nascidas das gotas de sangue de Urano que caíram em Geia, quando mutilado. Assim, as Erínies são três irmãs que estão entre as primeiras divindades, como forças primitivas. Os nomes mais conhecidos são: Alecto, Tisífone e Megera, que figuram como três seres alados, com cabelos de serpentes e tochas nas mãos.

[27] Gigante de cem olhos, servidor de Hera, que desta recebeu a tarefa de vigiar Io, amante de Zeus. O deus dos deuses então pediu a Hermes que a libertasse, ordem que cumpriu após adormecer e matar Argo Panopte, epíteto que significa "de muitos olhos".

[28] Pai de Io, Ínaco é um deus-rio da Argólida, filho de Oceano e de Tétis.

[29] Filha de Crono e Reia, irmã e esposa de Zeus, é a principal deusa do Olimpo. A principal característica de Hera retratada na literatura é a sua indignação frente à infidelidade de seu companheiro, não poupando esforços para perseguir os amantes de Zeus e os frutos dessas uniões ilegítimas.

[30] Outro nome dado à deusa Afrodite.

[31] Um lago pantanoso situado na região da Argólida.

[32] Santuário panheleno localizado aos pés do Monte Parnaso, considerado o umbigo do mundo, que abrigava o santuário de Apolo, famoso por seus oráculos.

[33] Localizado na região de Epiro, é o mais antigo santuário da Grécia, sendo o seu primeiro templo dedicado à deusa Reia ou Geia, a deusa-mãe.

[34] Epíteto de Apolo, Lóxias significa o "Oblíquo", por conta da ambiguidade característica de seus oráculos, ou do movimento oblíquo do Sol.

[35] Fonte próxima a Lerna, em Argos.

[36] Porque o rio Hibriste vem de ὑβριστής (*hybristḗs*) que significa "violento".

[37] Descendentes de Ares e de Harmonia, as Amazonas habitavam as cordilheiras do Cáucaso, em um território que ocupava uma parte da Trácia e outra da Cítia meridional.

[38] Cidade onde as Amazonas construíram seu palácio, situada no Ponto Euxino.

[39] Rio que deságua no Mar Negro, cuja nascente está localizada em Temiscira.

[40] Porto do Mar Negro conhecido pela sua importância comercial na região.

[41] Localizado na região da Crimea.

[42] Nome que os gregos davam ao Mar de Azov, ao norte do Mar Negro.

[43] Situada ao Norte do Cáucaso, próxima ao Mar de Azov.

[44] Provavelmente um lugar mítico.

[45] Filhas de Fórcis, tinham um só dente e um só olho; persongens que figuram no mito de Perseu.

[46] As Górgones eram três irmãs: Esteno, Euríale e Medusa. Esta última era mortal, com o poder de petrificar aquele que a olhasse nos olhos.

[47] A descrição geografia encontra-se em um plano mítico, sem paralelo em nossos mapas, apenas ilações. Plutão é um dos nomes dados ao deus Hades.

[48] Trata-se da parte alta do rio Nilo.

[49] Literalmente: "montanhas feitas de papiros". Biblinas estão relacionadas a Biblo, uma cidade portuária egípcia famosa pela produção e pelo comércio de papiro.

[50] Onde está localizado o Delta do Nilo.

[51] Trata-se da cidade de Náucratis, a primeira colônia grega do Egito.

[52] Epíteto de Zeus da Tessália, pois Tesproto é o antigo nome deste povo.

[53] Outro nome dado pelos gregos ao Mar Adriático.

[54] Nome dado em homenagem a Io.

[55] Principal cidade portuária do Baixo Egito, a qual os árabes chamavam de "Cidade do Ouro", pela abundância deste mineral.

[56] Épafo significa "o toque de Zeus", como vimos no verso anterior, trata-se do modo como o deus abordou Io.

[57] Grito de guerra ou de dor.

[58] Deus dos mares, filho de Crono e Reia. Como deus do mar, tem o poder de controlar as ondas, as tempestades, as marés, os rios e os lagos, e ainda criar fontes, tudo com o toque de seu tridente.

[59] Ninfa que alimentou Zeus durante a sua infância na caverna Dictea. A deusa Rea, entregou-o a ninfa para evitar que Crono o devorasse, como fizera com seus filhos anteriores.

[60] Ésquilo utiliza apenas a crase ὤμοι *(ṓmoi)*, isto é, uma palavra, que traduzimos por "Ai de mim!".

POSFÁCIO

LILIAN AMADEI SAIS*

A tragédia grega floresceu em Atenas, no século V a.C., e teve como seus grandes autores Ésquilo, Sófocles e Eurípides. Embora quase todas as obras tenham se perdido, estima-se que os cerca de oitenta anos em que o gênero perdurou de forma mais significativa tenham contado com a expressiva produção de mais de mil peças de teatro. Nelas, os tragediógrafos produziam seus enredos usando como tema os mitos que permeavam todo o pensamento dos períodos arcaico e clássico da Grécia Antiga, e que também serviram de base para a poesia épica, cujos grandes nomes são Homero e Hesíodo. No entanto, os autores do drama grego não se sujeitavam servilmente aos relatos mitológicos, pois havia certa liberdade no tratamento dessas narrativas, que permitia inovações e originalidade. Um bom exemplo disso é Medeia, figura mitológica que hoje, para nós, é conhecida por ter matado os filhos, mas que não cometia esse ato em nenhuma versão anterior a Eurípides, o que nos leva a crer que a versão hoje canônica para nós do mito, da mãe que mata seus próprios filhos, tenha sido, em realidade, inovação de Eurípides. Entre todos os mitos, um dos mais conhecidos, até hoje, é o de Prometeu, o defensor dos homens que primava pela astúcia. Prometeu é um filantropo. Em algumas versões, foi ele quem criou o homem a partir do barro. É justamente o mito envolvendo essa figura que serve de matéria para a presente tragédia, atribuída a Ésquilo, mas de autoria muito discutida entre os helenistas até hoje.

Os relatos mais antigos sobre o mito de Prometeu a que temos acesso são aqueles narrados pelo poeta Hesíodo em seus dois poemas: a *Teogonia* e *Os trabalhos e os dias*. A *Teogonia* é um poema

---

* Doutora em Letras Clássicas pela USP.

que narra, ao mesmo tempo, a origem dos deuses e a origem do cosmo, universo, uma vez que para os gregos as duas coisas eram indissociáveis. Ao longo de seus poucos mais de mil versos, vemos de que modo Zeus conquistou a soberania sobre deuses e homens. Na cadeia de sucessão de poder, Céu, primeiro soberano, é destronado por seu filho Crono que, por sua vez, é destronado por seu filho Zeus. Toda essa troca de poder se dá justamente no campo da astúcia, através de dolo, engano e ocultamento. É importante frisar que isso a que em português chamamos de astúcia é, em grego, *mêtis*, um termo com acepções bastante mais amplas, associadas ao curvilíneo, que englobam elementos como experiência de vida, previsão, escolha do momento certo de agir e habilidade retórica, entre outras coisas. *Os trabalhos e os dias*, por sua vez, é um poema que traz, em sua primeira parte, ensinamentos sobre trabalho e justiça que Hesíodo quer passar a seu irmão, Perses, que teria tomado para si uma parte maior da herança do que a que lhe cabia de fato. É nessa primeira parte que temos alguns mitos relatados e, entre eles, o de Prometeu e Pandora.

Comecemos a passear pelo mito através do relato apresentado na *Teogonia*, que se inicia no verso 507 do poema. Lá sabemos que Prometeu é filho de Jápeto com a oceanina Clímene, irmão de Atlas, Menécio e Epimeteu. É a partir do verso 521 que o poeta nos conta a punição de Zeus recebida por Prometeu: preso, acorrentado no alto de uma colina, receber durante o dia a visita de uma águia que lhe comia o fígado, que se regenerava à noite para, no dia seguinte, receber a visita da águia de novo. Na sequência, nos conta que Héracles matou a águia, para obter glória, com a concordância de Zeus. É só depois de narrar tudo isso que o poema parte para a narração do que efetivamente ocasionou tal punição (versos 535 e ss.): no momento em que se discerniam deuses e homens, que antes conviviam em harmonia, foi preciso estabelecer o que caberia a cada um dos planos, o humano e o divino. Prometeu, então, dividiu um boi em duas partes: numa colocou carnes e as gordas vísceras e cobriu tudo com o ventre do animal; noutra, colocou os ossos e os cobriu com banha brilhante. Zeus deveria, então, escolher qual das partes caberia aos deuses, e o dolo de Prometeu foi fazer com que a parte que aparentava ser a mais valiosa era, na verdade, aquela que continha apenas ossos, enquanto que a parte que tinha o aspecto ruim do ventre do boi era composta pelas partes mais apetitosas do animal. Zeus escolhe a parte que era composta essencialmente por ossos (e é importante ressaltar que o poema destaca que ele percebeu o dolo, mas ainda assim escolheu essa parte) e, furioso com o engano tramado por Prometeu, resolve puni-lo privando os homens do fogo. Prometeu reage, rouba o fogo e o entrega aos homens. Zeus, então, resolve dar um mal aos homens: a primeira mulher, um mal com aparência de um bem, plasmada a partir da terra por Hefesto e adornada por Atena. Por que a mulher seria um mal? O poeta nos conta: as mulheres são amigas do luxo e não da penúria. Eis o dilema misógino apresentado entre os versos 603-612: o homem que não se casa atinge a velhice sem ter quem o segure e sem ter a quem deixar a herança, que acaba sendo dividida por parentes distantes. Quem se une em núpcias com uma boa mulher, por sua vez, terá sempre um mal constante contrapesando o bem e, finalmente, aquele que se casa com uma mulher perversa terá aflição sem fim e mal incurável.

Esse relato teogônico é etiológico, uma vez que explica a origem de uma série de fatos e hábitos já bem estabelecidos aos gregos da Antiguidade. Em primeiro lugar, por que os sacrifícios eram realizados daquela forma, com os ossos sendo queimados aos deuses: porque os ossos foram as partes do boi que couberam ao plano divino e, portanto, deviam ser ofertados às divindades. Em segundo lugar, a origem do fogo, que, segundo o mito, foi roubado por Prometeu e entregue aos homens. O roubo do fogo, diga-se de passagem, é um lugar comum em relatos mitológicos do mundo inteiro. De modo geral, parece haver uma sensação de que o fogo não pertence à terra, mas ao céu, onde está o sol, o brilho, e de onde vêm os raios. Por último, o mito nos explica por que há mulheres: a mulher foi criada como uma punição de Zeus a Prometeu.

É importante frisar, também, que o duelo entre Zeus e Prometeu é, antes de qualquer coisa, um duelo de astúcias, pois ambos são expoentes desse tipo de inteligência associada à prática. Se Prometeu, por um lado, usou de engano, dolo e ocultamento na divisão do boi, o mesmo fez Zeus ofertando a mulher aos homens, uma vez que o poema nos diz que Pandora é um mal com aparência de um bem. Se na sucessão de poder narrada no poema, que vai de Céu a Crono e de Crono a Zeus, a astúcia foi elemento fundamental, o mito nos serve, dentro da economia da *Teogonia*, para reafirmar que ninguém supera a astúcia e a inteligência de Zeus e, assim, reafirmar também a sua soberania: nem mesmo Prometeu, astuto por excelência, pode superar Zeus.

Já em *Os trabalhos e os dias*, poema preocupado em explicar a necessidade do trabalho e da justiça, o mito de Prometeu e Pandora serve para explicar por que é necessário trabalhar para obter o sustento, e segue a mesma linha da versão teogônica. No verso 42, que abre essa narrativa mitológica, Hesíodo explica que os deuses mantém o sustento oculto dos homens e que, se fosse de outra forma, seria possível trabalhar um único dia para obter o suficiente para um ano inteiro. Zeus, no entanto, escondeu o sustento encolerizado porque Prometeu o enganara. Omitindo a parte da divisão dos bois, a narrativa vai direto para o fato de que Zeus escondeu o fogo dos homens e Prometeu o roubou. Como vingança, Zeus ordenada que se faça Pandora, a qual, na narrativa de *Os trabalhos e os dias*, recebe dons de diversos deuses e não apenas de Atena. Afrodite, por exemplo, lhe dá inquietação devoradora de membros, graça e penoso desejo, e Hermes, mente desavergonhada, mentiras e caráter fingido. É ao mensageiro dor deuses, Hermes, que cabe tanto dar-lhe a linguagem quanto nomeá-la: Pandora, nome que significa "presente de todos", que é explicado, nos versos 81-82, por ser ela um presente de todos os deuses aos homens, uma vez que muitos deuses do Olimpo lhe cederam dons. O significado dos nomes são importantes nesse relato, já que Zeus escolhe que quem deve receber Pandora como presente é Epimeteu ("aquele que pensa depois", irmão de Prometeu, "aquele que pensa antes", "aquele que antevê"). Hesíodo narra que Prometeu advertira Epimeteu sobre nunca receber um presente de Zeus, mas sim enviá-lo de volta para que não viesse a ser um mal para os mortais, mas que Epimeteu não pensou nisso, e aceitou Pandora. Depois de aceitar o presente, aí sim Epimeteu compreendeu (verso 89). Antes os homens viviam livres de contato com os males, da necessidade do trabalho e das doenças. Mas Pandora abriu um jarro e espalhou todos esses males sobre a terra, ficando dentro dele apenas Élpis, traduzida por Antecipação, Expectação ou Esperança. O relato, do mesmo modo como ocorre na *Teogonia*, é encerrado com a afirmação de que não é possível escapar à inteligência de Zeus.

Além da camada mais óbvia e superficial de interpretação desses dois relatos hesiódicos sobre Prometeu, vale ressaltar que se trata de um mito de primeira importância no que diz respeito à definição de qual é a condição humana. Isso porque lá na versãp teogônica Prometeu quis reservar aquela que lhe parecia ser a melhor parte do boi ao homem, mas, em verdade, é essa também a parte comestível e perecível. Os homens, assim, são limitados ao seu ventre, ou seja, têm a necessidade da alimentação para a sobrevivência, e estão fadados, eles mesmos, ao passageiro, à putrefação, enquanto os ossos, parte que coube aos deuses, são o perene em oposição ao corruptível e, nesse sentido, os deuses são imortais. É nesse sentido também que se reafirma que ninguém pode superar Zeus: mesmo quando Prometeu tentou, Zeus além de puni-lo foi mais astuto e soube escolher aquela que, na essência, para além da aparência forjada, era de fato a melhor parte do boi. A partir daí observa-se a enorme barreira que se criou entre deuses e homens, que antes viviam em condições bastante parecidas. Agora o único contato possível entre esses planos é o sacrifício que, se os aproxima, também sublinha a distância intransponível existente entre ambos. O fogo, por sua vez, ao mesmo tempo em que é um fogo técnico, ou seja, que possibilita que se forje o metal e, a partir disso, que se produzam instrumentos, armas e afins — e, nesse sentido, é um fogo compartilhado com os deuses — também é o que distingue o humano do bestial. Homens e animais têm a necessidade da alimentação, mas é o fogo que possibilidade ao humano que se consuma o alimento cozido, sendo essa, então, uma marca distintiva entre esses dois planos. É também, claro, o fogo que possibilita que os homens realizem os sacrifícios aos deuses, uma vez que é a fumaça resultante da queima dos ossos que é ofertada. E no que diz respeito à mulher, ser do qual não se pode nem prescindir nem suportar, ela marca a necessidade do casamento e da reprodução. É necessário, agora, plantar a semente dentro da terra para produzir alimento e dentro da mulher para a manutenção da espécie. É essa, portanto, a condição humana, situada numa posição intermediária entre deuses e animais, caracterizada pelo bem que sempre vem acompanhado de seu revés: nascimento e morte, abundância e trabalho, felicidade e tristeza, tudo isso caminha lado a lado no que diz respeito ao humano.

É esse mito, portanto, que Ésquilo retoma na tragédia Prometeu Acorrentado — mas não sem inovação e originalidade. É importante ressaltar que se sabe tão pouco sobre a tragédia grega produzida antes de Ésquilo que não chega a causar estranheza que muitos críticos atribuam a esse tragediógrafo o título de criador do gênero. Ele estreou em 498 a.C e ganhou seu primeiro prêmio em 484 a.C. Sabemos que ele produziu entre 73 e 90 tragédias[1] e recebeu, ao longo de sua carreira, 13 prêmios, números que fazem com que seja considerado tanto produtivo quanto exitoso. De toda essa produção, chegaram-nos apenas sete peças, das quais apenas quatro estão efetivamente completas. É de Ésquilo a única trilogia completa que temos, a *Oresteia* (458 a.C.), composta pelas tragédias *Agamêmnon*, *As Coéforas* e *Eumênides*. A autenticidade da autoria de *Prometeu acorrentado*, no entanto, embora nunca tenha sido questionada na Antiguidade, foi posta em cheque por inúmeros críticos, em especial nas últimas décadas, e sobre ela formou-se um caloroso debate entre os especialistas. Embora seja possível argumentar a favor de ambos os lados, é inegável, contudo, que essa tragédia traz temas bem ao gosto de Ésquilo — em especial a temática do poder e a forte presença dos deuses na trama.

Sabemos muito pouco sobre a vida de todos os tragediógrafos. Sobre Ésquilo, sabemos que além da sua produção artística ele também guerreou em batalhas importantes, como a de Maratona e a de Salamina, por exemplo. Seu epitáfio ressaltaria ambas as funções: o poeta e o guerreiro. Não parece ser à toa, portanto, que a temática

[1] As tragédias eram apresentadas nos concursos trágicos como trilogias, sendo seguidas por um drama satírico. Muitos defendem que essa forma de trilogia foi inventada pelo próprio Ésquilo.

bélica esteja tão presente nas suas peças. Também sabemos, pelo momento histórico, que Ésquilo testemunhou a passagem da tirania para democracia ateniense e todas as mudanças advindas desse novo regime político. Como poeta, além de ser considerado o primeiro grande autor de tragédias, Ésquilo ainda é, segundo Aristóteles, o responsável pela introdução de um segundo ator no gênero, que antes contava apenas com um ator dialogando com o coro. Em *Prometeu acorrentado* a presença desse segundo ator é significativa e marcante, uma vez que temos longos diálogos entre Crato e Hefesto, Oceano e Prometeu e Prometeu e Io. Após a introdução de um terceiro ator nas tramas trágicas (feito que, ainda segundo Aristóteles, foi realizado por Sófocles), Ésquilo também passou a explorar essa novidade, como fica claro em sua *Oresteia*.

Na tragédia de Ésquilo que aborda o mito de Prometeu, a ação já se inicia com a execução da punição imposta por Zeus ao aqui Titã Prometeu: sendo acorrentado por Hefesto, a sentença do deus soberano irá se cumprir. Se nas outras tragédias de Ésquilo Zeus parece ser indubitavelmente o símbolo máximo da justiça, aqui o soberano é pintado com traços mais afeitos à tirania e crueldade, o que confunde parte dos helenistas e serve como argumento para os que contestam a autenticidade da atribuição da autoria da peça a Ésquilo; para outros, no entanto, essa é a mais esquiliana das sete tragédias atribuídas a Ésquilo que nos chegaram.

Se na narrativa hesiódica é Pandora a figura feminina presente, aqui esse papel é desempenhado por Io, única mortal da peça, filha de Ínaco, amada por Zeus e odiada pela esposa deste, Hera. A alteração drástica que Ésquilo faz no mito, no entanto, é outra: segundo explica Prometeu no primeiro episódio da peça, foi Prometeu o autor da estratégia que fez com que Zeus conquistasse o poder supremo (por isso aqui Prometeu não é filho de Jápeto e Clímene, mas sim de Témis), mas Zeus, ingrato, quis então destruir a raça humana e semear uma nova raça em seu lugar. Prometeu tenta impedi-lo e, por isso, é punido. Sua função, no entanto, continua sendo de favorecer os homens e tentar protegê-los, do mesmo modo como ocorria em Hesíodo. Toda a cena se passa em um lugar pétreo e longínquo que, segunda sua descrição (versos 4-5, 15, 20, 117, 142), relembra o lugar da Estige de Hesíodo (*Teogonia*, verso 784), uma pedra íngreme de onde sai água fria, e que é responsável pelo grande juramento, ou seja, diante dessa água não se pode cometer perjúrio. Não parece por acaso, portanto, que o coro da peça seja composto por Oceaninas, que podem funcionar como uma extensão dessa água que não permite perjúrio. É diante delas, nesse lugar pétreo e com Prometeu aprisionado que se dará um desfile de personagens divinas e de Io, sempre com diálogos fortes sobre poder, soberania, Zeus, presente, passado e futuro. *Prometeu acorrentado* é, portanto, um banquete àqueles que se interessam pelas principais temáticas dos períodos arcaico e clássico da Grécia Antiga.

ΠΡΟΜΗΘΕΥΣ ΔΕΣΜΩΤΗΣ

ΚΡΑΤΟΣ

Χθονὸς μὲν ἐς τηλουρὸν ἥκομεν πέδον,
Σκύθην ἐς οἶμον, ἄβροτον εἰς ἐρημίαν.
Ἥφαιστε, σοὶ δὲ χρὴ μέλειν ἐπιστολὰς
ἅς σοι πατὴρ ἐφεῖτο, τόνδε πρὸς πέτραις
ὑψηλοκρήμνοις τὸν λεωργὸν ὀχμάσαι
ἀδαμαντίνων δεσμῶν ἐν ἀρρήκτοις πέδαις.
τὸ σὸν γὰρ ἄνθος, παντέχνου πυρὸς σέλας,
θνητοῖσι κλέψας ὤπασεν· τοιᾶσδέ τοι
ἁμαρτίας σφε δεῖ θεοῖς δοῦναι δίκην,
ὡς ἂν διδαχθῇ τὴν Διὸς τυραννίδα
στέργειν, φιλανθρώπου δὲ παύεσθαι τρόπου.

ΗΦΑΙΣΤΟΣ

Κράτος Βία τε, σφῷν μὲν ἐντολὴ Διὸς
ἔχει τέλος δὴ κοὐδὲν ἐμποδὼν ἔτι·
ἐγὼ δ› ἄτολμός εἰμι συγγενῆ θεὸν
δῆσαι βίᾳ φάραγγι πρὸς δυσχειμέρῳ.
πάντως δ› ἀνάγκη τῶνδέ μοι τόλμαν σχεθεῖν·
εὐωριάζειν γὰρ πατρὸς λόγους βαρύ.
τῆς ὀρθοβούλου Θέμιδος αἰπυμῆτα παῖ,
ἄκοντά σ› ἄκων δυσλύτοις χαλκεύμασι
προσπασσαλεύσω τῷδ› ἀπανθρώπῳ πάγῳ,
ἵν› οὔτε φωνὴν οὔτε του μορφὴν βροτῶν
ὄψῃ, σταθευτὸς δ› ἡλίου φοίβῃ φλογὶ
χροιᾶς ἀμείψεις ἄνθος· ἀσμένῳ δέ σοι

ἡ ποικιλείμων νὺξ ἀποκρύψει φάος,
πάχνην θ› ἑῴαν ἥλιος σκεδᾷ πάλιν·
αἰεὶ δὲ τοῦ παρόντος ἀχθηδὼν κακοῦ
τρύσει σ›· ὁ λωφήσων γὰρ οὐ πέφυκέ πω.
τοιαῦτ› ἐπηύρου τοῦ φιλανθρώπου τρόπου.
θεὸς θεῶν γὰρ οὐχ ὑποπτήσσων χόλον
βροτοῖσι τιμὰς ὤπασας πέρα δίκης·
ἀνθ› ὧν ἀτερπῆ τήνδε φρουρήσεις πέτραν
ὀρθοστάδην, ἄυπνος, οὐ κάμπτων γόνυ·
πολλοὺς δ› ὀδυρμοὺς καὶ γόους ἀνωφελεῖς
φθέγξῃ· Διὸς γὰρ δυσπαραίτητοι φρένες·
ἅπας δὲ τραχὺς ὅστις ἂν νέον κρατῇ.

Κρ.
εἶέν, τί μέλλεις καὶ κατοικτίζῃ μάτην;
τί τὸν θεοῖς ἔχθιστον οὐ στυγεῖς θεόν,
ὅστις τὸ σὸν θνητοῖσι προὔδωκεν γέρας;

Ηφ.
τὸ συγγενές τοι δεινὸν ἥ θ’ ὁμιλία.

Κρ.
σύμφημ᾿· ἀνηκουστεῖν δὲ τῶν πατρὸς λόγων οἷόν τε πῶς; οὐ
τοῦτο δειμαίνεις πλέον;

Ηφ.
αἰεί γε δὴ νηλὴς σὺ καὶ θράσους πλέως.

Κρ.
ἄκος γὰρ οὐδὲν τόνδε θρηνεῖσθαι· σὺ δὲ
τὰ μηδὲν ὠφελοῦντα μὴ πόνει μάτην.

Ηφ.
ὦ πολλὰ μισηθεῖσα χειρωναξία.

Κρ.
τί νιν στυγεῖς; πόνων γὰρ ὡς ἁπλῷ λόγῳ
τῶν νῦν παρόντων οὐδὲν αἰτία τέχνη.

Ηφ.
ἔμπας τις αὐτὴν ἄλλος ὤφελεν λαχεῖν.

Κρ.
ἅπαντ᾿ ἐπαχθῆ πλὴν θεοῖσι κοιρανεῖν.
ἐλεύθερος γὰρ οὔτις ἐστὶ πλὴν Διός.

Ηφ.
ἔγνωκα τοῖσδε, κοὐδὲν ἀντειπεῖν ἔχω.

Κρ.
οὔκουν ἐπείξῃ τῷδε δεσμὰ περιβαλεῖν,
ὡς μή σ› ἐλινύοντα προσδερχθῇ πατήρ;

Ηφ.
καὶ δὴ πρόχειρα ψάλια δέρκεσθαι πάρα.

Κρ.
βαλών νιν ἀμφὶ χερσὶν ἐγκρατεῖ σθένει
ῥαιστῆρι θεῖνε, πασσάλευε πρὸς πέτραις.

Ηφ.
περαίνεται δὴ κοὐ ματᾷ τοὔργον τόδε.

Κρ.
ἄρασσε μᾶλλον, σφίγγε, μηδαμῇ χάλα·
δεινὸς γὰρ εὑρεῖν κἀξ ἀμηχάνων πόρον.

Ηφ.
ἄραρεν ἥδε γ᾿ ὠλένη δυσεκλύτως.

Κρ.
καὶ τήνδε νῦν πόρπασον ἀσφαλῶς, ἵνα
μάθῃ σοφιστὴς ὢν Διὸς νωθέστερος.

Ηφ.
πλὴν τοῦδ᾽ ἂν οὐδεὶς ἐνδίκως μέμψαιτό μοι.

Κρ.
ἀδαμαντίνου νῦν σφηνὸς αὐθάδη γνάθον
στέρνων διαμπὰξ πασσάλευ› ἐρρωμένως.

Ηφ.
αἰαῖ, Προμηθεῦ, σῶν ὕπερ στένω πόνων.

Κρ.
σὺ δ᾽ αὖ κατοκνεῖς τῶν Διός τ᾽ ἐχθρῶν ὕπερ
στένεις; ὅπως μὴ σαυτὸν οἰκτιεῖς ποτε.

Ηφ.
ὁρᾷς θέαμα δυσθέατον ὄμμασιν.

Κρ.
ὁρῶ κυροῦντα τόνδε τῶν ἐπαξίων.
ἀλλ› ἀμφὶ πλευραῖς μασχαλιστῆρας βάλε.

Ηφ.
δρᾶν ταῦτ᾽ ἀνάγκη, μηδὲν ἐγκέλευ᾽ ἄγαν.

Κρ.
ἦ μὴν κελεύσω κἀπιθωΰξω γε πρός.
χώρει κάτω, σκέλη δὲ κίρκωσον βίᾳ.

Ηφ.
καὶ δὴ πέπρακται τοὔργον οὐ μακρῷ πόνῳ.

Κρ.
ἐρρωμένως νῦν θεῖνε διατόρους πέδας·
ὡς οὑπιτιμητής γε τῶν ἔργων βαρύς.

Ηφ.
ὅμοια μορφῇ γλῶσσά σου γηρύεται.

Κρ.
σὺ μαλθακίζου, τὴν δ᾽ ἐμὴν αὐθαδίαν
ὀργῆς τε τραχυτῆτα μὴ ‹πίπλησσέ μοι.

Ηφ.
στείχωμεν· ὡς κώλοισιν ἀμφίβληστρ᾽ ἔχει.

Κρ.
ἐνταῦθα νῦν ὕβριζε καὶ θεῶν γέρα
συλῶν ἐφημέροισι προστίθει. τί σοι
οἷοί τε θνητοὶ τῶνδ› ἀπαντλῆσαι πόνων;
ψευδωνύμως σε δαίμονες Προμηθέα
καλοῦσιν· αὐτὸν γάρ σε δεῖ προμηθέως,
ὅτῳ τρόπῳ τῆσδ› ἐκκυλισθήσῃ τέχνης.

ΠΡΟΜΗΘΕΥΣ
ὦ δῖος αἰθὴρ καὶ ταχύπτεροι πνοαί,
ποταμῶν τε πηγαί, ποντίων τε κυμάτων
ἀνήριθμον γέλασμα, παμμῆτόρ τε γῆ,
καὶ τὸν πανόπτην κύκλον ἡλίου καλῶ·
ἴδεσθέ μ› οἷα πρὸς θεῶν πάσχω θεός.
δέρχθηθ› οἵαις αἰκείαισιν
διακναιόμενος τὸν μυριετῆ
χρόνον ἀθλεύσω.
τοιόνδ› ὁ νέος ταγὸς μακάρων
ἐξηῦρ› ἐπ› ἐμοὶ δεσμὸν ἀεικῆ.
φεῦ φεῦ, τὸ παρὸν τό τ› ἐπερχόμενον
πῆμα στενάχω· πῇ ποτε μόχθων
χρὴ τέρματα τῶνδ› ἐπιτεῖλαι;

καίτοι τί φημι; πάντα προυξεπίσταμαι
σκεθρῶς τὰ μέλλοντ›, οὐδέ μοι ποταίνιον
πῆμ› οὐδὲν ἥξει. τὴν πεπρωμένην δὲ χρὴ
αἶσαν φέρειν ὡς ῥᾷστα, γιγνώσκονθ› ὅτι
τὸ τῆς ἀνάγκης ἔστ› ἀδήριτον σθένος.
ἀλλ› οὔτε σιγᾶν οὔτε μὴ σιγᾶν τύχας
οἷόν τέ μοι τάσδ› ἐστί. θνητοῖς γὰρ γέρα
πορὼν ἀνάγκαις ταῖσδ› ἐνέζευγμαι τάλας·
ναρθηκοπλήρωτον δὲ θηρῶμαι πυρὸς
πηγὴν κλοπαίαν, ἣ διδάσκαλος τέχνης
πάσης βροτοῖς πέφηνε καὶ μέγας πόρος.
τοιῶνδε ποινὰς ἀμπλακημάτων τίνω
ὑπαίθριος δεσμοῖς πεπασσαλευμένος.
ἆ ἆ.

ἔα ἔα.
τίς ἀχώ, τίς ὀδμὰ προσέπτα μ› ἀφεγγής,
θεόσυτος, ἢ βρότειος, ἢ κεκραμένη;
τερμόνιον ἵκετ› ἐπὶ πάγον
πόνων ἐμῶν θεωρός, ἢ τί δὴ θέλων;
ὁρᾶτε δεσμώτην με δύσποτμον θεόν,
τὸν Διὸς ἐχθρόν, τὸν πᾶσι θεοῖς
δι› ἀπεχθείας ἐλθόνθ› ὁπόσοι
τὴν Διὸς αὐλὴν εἰσοιχνεῦσιν,
διὰ τὴν λίαν φιλότητα βροτῶν.
φεῦ φεῦ, τί ποτ› αὖ κινάθισμα κλύω
πέλας οἰωνῶν; αἰθὴρ δ› ἐλαφραῖς
πτερύγων ῥιπαῖς ὑποσυρίζει.
πᾶν μοι φοβερὸν τὸ προσέρπον.

ΧΟΡΟΣ
μηδὲν φοβηθῇς· {[στρ. α.}
φιλία γὰρ ἥδε τάξις
πτερύγων θοαῖς ἀμίλλαις
προσέβα τόνδε πάγον, πατρῴας
μόγις παρειποῦσα φρένας,

κραιπνοφόροι δέ μ› ἔπεμψαν αὖραι·
κτύπου γὰρ ἀχὼ χάλυβος διῇξεν ἄντρων
μυχόν, ἐκ δ› ἔπληξέ μου τὰν
θεμερῶπιν αἰδῶ·
σύθην δ› ἀπέδιλος ὄχῳ πτερωτῷ.

Πρ.
αἰαῖ αἰαῖ,
τῆς πολυτέκνου Τηθύος ἔκγονα,
τοῦ περὶ πᾶσάν θ› είλισσομένου
χθόν› ἀκοιμήτῳ ῥεύματι παῖδες
πατρὸς Ὠκεανοῦ, δέρχθητ›,
ἐσίδεσθ› οἵῳ δεσμῷ
προσπορπατὸς τῆσδε φάραγγος
σκοπέλοις ἐν ἄκροις
φρουρὰν ἄζηλον ὀχήσω.

Χο.
λεύσσω, Προμηθεῦ· φοβερὰ δ’ ἐμοῖσιν ὄσσοις {[ἀντ. α.}
ὁμίχλα προσῇξε πλήρης
δακρύων σὸν δέμας εἰσιδούσῃ
πέτρᾳ προσαυαινόμενον
ταῖσδ› ἀδαμαντοδέτοισι λύμαις·
νέοι γὰρ οἰακονόμοι κρατοῦσ› Ὀλύμπου·
νεοχμοῖς δὲ δὴ νόμοις Ζεὺς
ἀθέτως κρατύνει,
τὰ πρὶν δὲ πελώρια νῦν ἀιστοῖ.

Πρ.
εἰ γάρ μ’ ὑπὸ γῆν νέρθεν θ’ Αἵδου
τοῦ νεκροδέγμονος εἰς ἀπέραντον
Τάρταρον ἧκεν,
δεσμοῖς ἀλύτοις ἀγρίως πελάσας,
ὡς μήτε θεὸς μήτε τις ἄλλος
τοῖσδ› ἐγεγήθει.
νῦν δ› αἰθέριον κίνυγμ› ὁ τάλας
ἐχθροῖς ἐπίχαρτα πέπονθα.

Χο.
τίς ὧδε τλησικάρδιος {[στρ. β.}
θεῶν, ὅτῳ τάδ› ἐπιχαρῆ;
τίς οὐ ξυνασχαλᾷ κακοῖς
τεοῖσι, δίχα γε Διός; ὁ δ› ἐπικότως ἀεὶ
θέμενος ἄγναμπτον νόον
δάμναται οὐρανίαν
γένναν, οὐδὲ λήξει,
πρὶν ἂν ἢ κορέσῃ κέαρ, ἢ παλάμᾳ τινὶ
τὰν δυσάλωτον ἕλῃ τις ἀρχάν.
Πρ. ἦ μὴν ἔτ᾽ ἐμοῦ, καίπερ κρατεραῖς
ἐν γυιοπέδαις αἰκιζομένου,
χρείαν ἕξει μακάρων πρύτανις,
δεῖξαι τὸ νέον βούλευμ›, ὑφ› ὅτου
σκῆπτρον τιμάς τ› ἀποσυλᾶται.
καί μ› οὔτι μελιγλώσσοις πειθοῦς
ἐπαοιδαῖσιν θέλξει, στερεάς τ›
οὔποτ› ἀπειλὰς πτήξας τόδ› ἐγὼ
καταμηνύσω, πρὶν ἂν ἐξ ἀγρίων
δεσμῶν χαλάσῃ ποινάς τε τίνειν
τῆσδ› αἰκείας ἐθελήσῃ.

Χο.
σὺ μὲν θρασύς τε καὶ πικραῖς {[ἀντ. β.}
δύαισιν οὐδὲν ἐπιχαλᾷς,
ἄγαν δ› ἐλευθεροστομεῖς.
ἐμὰς δὲ φρένας ἠρέθισε διάτορος φόβος·
δέδια δ› ἀμφὶ σαῖς τύχαις,
πᾷ ποτε τῶνδε πόνων
χρή σε τέρμα κέλσαντ›
ἐσιδεῖν· ἀκίχητα γὰρ ἤθεα καὶ κέαρ
ἀπαράμυθον ἔχει Κρόνου παῖς.

Πρ.
οἶδ᾽ ὅτι τραχὺς καὶ παρ᾽ ἑαυτῷ
τὸ δίκαιον ἔχων Ζεύς· ἀλλ› ἔμπας [όίω],

μαλακογνώμων
ἔσται ποθ›, ὅταν ταύτῃ ῥαισθῇ·
τὴν δ› ἀτέραμνον στορέσας ὀργὴν
εἰς ἀρθμὸν ἐμοὶ καὶ φιλότητα
σπεύδων σπεύδοντί ποθ› ἥξει.

Χο.
πάντ᾽ ἐκκάλυψον καὶ γέγων᾽ ἡμῖν λόγον,
ποίῳ λαβών σε Ζεὺς ἐπ› αἰτιάματι
οὕτως ἀτίμως καὶ πικρῶς αἰκίζεται·
δίδαξον ἡμᾶς, εἴ τι μὴ βλάπτῃ λόγῳ.

Πρ.
ἀλγεινὰ μέν μοι καὶ λέγειν ἐστὶν τάδε,
ἄλγος δὲ σιγᾶν, πανταχῇ δὲ δύσποτμα.
ἐπεὶ τάχιστ› ἤρξαντο δαίμονες χόλου
στάσις τ› ἐν ἀλλήλοισιν ὠροθύνετο,
οἱ μὲν θέλοντες ἐκβαλεῖν ἕδρας Κρόνον,
ὡς Ζεὺς ἀνάσσοι δῆθεν, οἱ δὲ τοὔμπαλιν
σπεύδοντες, ὡς Ζεὺς μήποτ› ἄρξειεν θεῶν,
ἐνταῦθ› ἐγὼ τὰ λῷστα βουλεύων πιθεῖν
Τιτᾶνας, Οὐρανοῦ τε καὶ Χθονὸς τέκνα,
οὐκ ἠδυνήθην· αἱμύλας δὲ μηχανὰς
ἀτιμάσαντες καρτεροῖς φρονήμασιν
ᾤοντ› ἀμοχθὶ πρὸς βίαν τε δεσπόσειν·
ἐμοὶ δὲ μήτηρ οὐχ ἅπαξ μόνον Θέμις
καὶ Γαῖα, πολλῶν ὀνομάτων μορφὴ μία,
τὸ μέλλον ᾗ κρανοῖτο προυτεθεσπίκει,
ὡς οὐ κατ› ἰσχὺν οὐδὲ πρὸς τὸ καρτερὸν
χρείη, δόλῳ δέ, τοὺς ὑπερσχόντας κρατεῖν.
τοιαῦτ› ἐμοῦ λόγοισιν ἐξηγουμένου
οὐκ ἠξίωσαν οὐδὲ προσβλέψαι τὸ πᾶν.
κράτιστα δή μοι τῶν παρεστώτων τότε
ἐφαίνετ› εἶναι προσλαβόντα μητέρα
ἑκόνθ› ἑκόντι Ζηνὶ συμπαραστατεῖν.
ἐμαῖς δὲ βουλαῖς Ταρτάρου μελαμβαθὴς

κευθμὼν καλύπτει τὸν παλαιγενῆ Κρόνον
αὐτοῖσι συμμάχοισι. τοιάδ› ἐξ ἐμοῦ
ὁ τῶν θεῶν τύραννος ὠφελημένος
κακαῖσι ποιναῖς ταῖσδέ μ› ἐξημείψατο.
ἔνεστι γάρ πως τοῦτο τῇ τυραννίδι
νόσημα, τοῖς φίλοισι μὴ πεποιθέναι.
ὃ δ› οὖν ἐρωτᾶτ›, αἰτίαν καθ› ἥντινα
αἰκίζεταί με, τοῦτο δὴ σαφηνιῶ.
ὅπως τάχιστα τὸν πατρῷον ἐς θρόνον
καθέζετ›, εὐθὺς δαίμοσιν νέμει γέρα
ἄλλοισιν ἄλλα, καὶ διεστοιχίζετο
ἀρχήν, βροτῶν δὲ τῶν ταλαιπώρων λόγον
οὐκ ἔσχεν οὐδέν›, ἀλλ› ἀιστώσας γένος
τὸ πᾶν ἔχρῃζεν ἄλλο φιτῦσαι νέον.
καὶ τοῖσιν οὐδεὶς ἀντέβαινε πλὴν ἐμοῦ.
ἐγὼ δ› ἐτόλμησ›· ἐξελυσάμην βροτοὺς
τὸ μὴ διαρραισθέντας εἰς Ἅιδου μολεῖν.
τῷ τοι τοιαῖσδε πημοναῖσι κάμπτομαι,
πάσχειν μὲν ἀλγειναῖσιν, οἰκτραῖσιν δ› ἰδεῖν·
θνητοὺς δ› ἐν οἴκτῳ προθέμενος, τούτου τυχεῖν
οὐκ ἠξιώθην αὐτός, ἀλλὰ νηλεῶς
ὧδ› ἐρρύθμισμαι, Ζηνὶ δυσκλεὴς θέα.

Χο.
σιδηρόφρων τοι κἀκ πέτρας εἰργασμένος
ὅστις, Προμηθεῦ, σοῖσιν οὐ συνασχαλᾷ
μόχθοις· ἐγὼ γὰρ οὔτ› ἂν εἰσιδεῖν τάδε
ἔχρῃζον εἰσιδοῦσά τ› ἠλγύνθην κέαρ.

Πρ.
καὶ μὴν φίλοις ἐλεινὸς εἰσορᾶν ἐγώ.

Χο.
μή πού τι προὔβης τῶνδε καὶ περαιτέρω;

Πρ.
θνητούς γ᾽ ἔπαυσα μὴ προδέρκεσθαι μόρον.

Χο.
τὸ ποῖον εὑρὼν τῆσδε φάρμακον νόσου;

Πρ.
τυφλὰς ἐν αὐτοῖς ἐλπίδας κατῴκισα.

Χο.
μέγ᾽ ὠφέλημα τοῦτ᾽ ἐδωρήσω βροτοῖς.

Πρ.
πρὸς τοῖσδε μέντοι πῦρ ἐγώ σφιν ὤπασα.

Χο.
καὶ νῦν φλογωπὸν πῦρ ἔχουσ᾽ ἐφήμεροι;

Πρ.
ἀφ᾽ οὗ γε πολλὰς ἐκμαθήσονται τέχνας.

Χο.
τοιοῖσδε δή σε Ζεὺς ἐπ᾽ αἰτιάμασιν –

Πρ.
αἰκίζεταί γε κοὐδαμῇ χαλᾷ κακῶν.

Χο.
οὐδ᾽ ἔστιν ἄθλου τέρμα σοι προκείμενον;

Πρ.
οὐκ ἄλλο γ᾽ οὐδέν, πλὴν ὅταν κείνῳ δοκῇ.

Χο.
δόξει δὲ πῶς; τίς ἐλπίς; οὐχ ὁρᾷς ὅτι
ἥμαρτες; ὡς δ› ἥμαρτες οὔτ› ἐμοὶ λέγειν

καθ› ἡδονὴν σοί τ› ἄλγος. ἀλλὰ ταῦτα μὲν
μεθῶμεν, ἄθλου δ› ἔκλυσιν ζήτει τινά.

Πρ.
ἐλαφρὸν ὅστις πημάτων ἔξω πόδα
ἔχει παραινεῖν νουθετεῖν τε τοὺς κακῶς
πράσσοντας· εὖ δὲ ταῦτα πάντ› ἠπιστάμην.
ἑκὼν ἑκὼν ἥμαρτον, οὐκ ἀρνήσομαι·
θνητοῖς ἀρήγων αὐτὸς ηὑρόμην πόνους.
οὐ μήν τι ποιναῖς γ› ᾠόμην τοίαισί με
κατισχνανεῖσθαι πρὸς πέτραις πεδαρσίοις,
τυχόντ› ἐρήμου τοῦδ› ἀγείτονος πάγου.
καί μοι τὰ μὲν παρόντα μὴ δύρεσθ› ἄχη,
πέδοι δὲ βᾶσαι τὰς προσερπούσας τύχας
ἀκούσαθ›, ὡς μάθητε διὰ τέλους τὸ πᾶν.
πίθεσθέ μοι, πίθεσθε, συμπονήσατε
τῷ νῦν μογοῦντι. ταὐτά τοι πλανωμένη
πρὸς ἄλλοτ› ἄλλον πημονὴ προσιζάνει.

Χο.
οὐκ ἀκούσαις ἐπεθώυξας
τοῦτο, Προμηθεῦ. καὶ νῦν ἐλαφρῷ
ποδὶ κραιπνόσυτον θᾶκον προλιποῦσ›
αἰθέρα θ› ἁγνὸν πόρον οἰωνῶν,
ὀκριοέσσῃ χθονὶ τῇδε πελῶ,
τοὺς σοὺς δὲ πόνους
χρῄζω διὰ παντὸς ἀκοῦσαι.

ΩΚΕΑΝΟΣ
ἥκω δολιχῆς τέρμα κελεύθου
διαμειψάμενος πρὸς σέ, Προμηθεῦ,
τὸν πτερυγωκῆ τόνδ› οἰωνὸν
γνώμῃ στομίων ἄτερ εὐθύνων·
ταῖς σαῖς δὲ τύχαις, ἴσθι, συναλγῶ.
τό τε γάρ με, δοκῶ, ξυγγενὲς οὕτως
ἐπαναγκάζει,

χωρίς τε γένους οὐκ ἔστιν ὅτῳ
μείζονα μοῖραν νείμαιμ› ἢ σοί.
γνώσῃ δὲ τάδ› ὡς ἔτυμ›, οὐδὲ μάτην
χαριτογλωσσεῖν ἔνι μοι· φέρε γὰρ
σήμαιν› ὅ τι χρή σοι συμπράσσειν·
οὐ γάρ ποτ› ἐρεῖς ὡς Ὠκεανοῦ
φίλος ἐστὶ βεβαιότερός σοι.

Πρ.
ἔα· τί χρῆμα; καὶ σὺ δὴ πόνων ἐμῶν
ἥκεις ἐπόπτης; πῶς ἐτόλμησας, λιπὼν
ἐπώνυμόν τε ῥεῦμα καὶ πετρηρεφῆ
αὐτόκτιτ› ἄντρα, τὴν σιδηρομήτορα
ἐλθεῖν ἐς αἶαν; ἢ θεωρήσων τύχας
ἐμὰς ἀφῖξαι καὶ συνασχαλῶν κακοῖς;
δέρκου θέαμα, τόνδε τὸν Διὸς φίλον,
τὸν συγκαταστήσαντα τὴν τυραννίδα,
οἵαις ὑπ› αὐτοῦ πημοναῖσι κάμπτομαι.

Ωκ.
ὁρῶ, Προμηθεῦ, καὶ παραινέσαι γέ σοι
θέλω τὰ λῷστα, καίπερ ὄντι ποικίλῳ.
γίγνωσκε σαυτὸν καὶ μεθάρμοσαι τρόπους
νέους· νέος γὰρ καὶ τύραννος ἐν θεοῖς.
εἰ δ› ὧδε τραχεῖς καὶ τεθηγμένους λόγους
ῥίψεις, τάχ› ἄν σου καὶ μακρὰν ἀνωτέρω
θακῶν κλύοι Ζεύς, ὥστε σοι τὸν νῦν ὄχλον
παρόντα μόχθων παιδιὰν εἶναι δοκεῖν.
ἀλλ›, ὦ ταλαίπωρ›, ἃς ἔχεις ὀργὰς ἄφες,
ζήτει δὲ τῶνδε πημάτων ἀπαλλαγάς.
ἀρχαῖ› ἴσως σοι φαίνομαι λέγειν τάδε.
τοιαῦτα μέντοι τῆς ἄγαν ὑψηγόρου
γλώσσης, Προμηθεῦ, τἀπίχειρα γίγνεται.
σὺ δ› οὐδέπω ταπεινὸς οὐδ› εἴκεις κακοῖς,
πρὸς τοῖς παροῦσι δ› ἄλλα προσλαβεῖν θέλεις.
οὔκουν ἔμοιγε χρώμενος διδασκάλῳ

πρὸς κέντρα κῶλον ἐκτενεῖς, ὁρῶν ὅτι
τραχὺς μόναρχος οὐδ› ὑπεύθυνος κρατεῖ.
καὶ νῦν ἐγὼ μὲν εἶμι καὶ πειράσομαι
ἐὰν δύνωμαι τῶνδέ σ› ἐκλῦσαι πόνων·
σὺ δ› ἡσύχαζε μηδ› ἄγαν λαβροστόμει.
ἢ οὐκ οἶσθ› ἀκριβῶς ὢν περισσόφρων ὅτι
γλώσσῃ ματαίᾳ ζημία προστρίβεται;

Πρ.
ζηλῶ σ' ὁθούνεκ' ἐκτὸς αἰτίας κυρεῖς,
† πάντων μετασχὼν καὶ τετολμηκὼς ἐμοί. †
καὶ νῦν ἔασον μηδέ σοι μελησάτω.
πάντως γὰρ οὐ πείσεις νιν· οὐ γὰρ εὐπιθής.
πάπταινε δ› αὐτὸς μή τι πημανθῇς ὁδῷ.

Ωκ.
πολλῷ γ' ἀμείνων τοὺς πέλας φρενοῦν ἔφυς
ἢ σαυτόν· ἔργῳ κοὐ λόγῳ τεκμαίρομαι.
ὁρμώμενον δὲ μηδαμῶς ἀντισπάσῃς.
αὐχῶ γάρ, αὐχῶ, τήνδε δωρειὰν ἐμοὶ
δώσειν Δί›, ὥστε τῶνδέ σ› ἐκλῦσαι πόνων.

Πρ.
τὰ μέν σ' ἐπαινῶ κοὐδαμῇ λήξω ποτέ·
προθυμίας γὰρ οὐδὲν ἐλλείπεις. ἀτὰρ
μηδὲν πόνει· μάτην γὰρ οὐδὲν ὠφελῶν
ἐμοὶ πονήσεις, εἴ τι καὶ πονεῖν θέλεις.
ἀλλ› ἡσύχαζε σαυτὸν ἐκποδὼν ἔχων·
ἐγὼ γὰρ οὐκ εἰ δυστυχῶ, τοῦδ› εἵνεκα
θέλοιμ› ἂν ὡς πλείστοισι πημονὰς τυχεῖν.
οὐ δῆτ›, ἐπεί με καὶ κασιγνήτου τύχαι
τείρουσ› Ἄτλαντος, ὃς πρὸς ἑσπέρους τόπους
ἕστηκε κίον› οὐρανοῦ τε καὶ χθονὸς
ὤμοις ἐρείδων, ἄχθος οὐκ εὐάγκαλον.
τὸν γηγενῆ τε Κιλικίων οἰκήτορα
ἄντρων ἰδὼν ᾤκτιρα, δάιον τέρας,

ἑκατογκάρανον πρὸς βίαν χειρούμενον,
† Τυφῶνα θοῦρον. ὅς πᾶσιν ἀντέστη θεοῖς,
σμερδναῖσι γαμφηλαῖσι συρίζων φόβον,
ἐξ ὀμμάτων δ› ἤστραπτε γοργωπὸν σέλας,
ὡς τὴν Διὸς τυραννίδ› ἐκπέρσων βίᾳ·
ἀλλ› ἦλθεν αὐτῷ Ζηνὸς ἄγρυπνον βέλος,
καταιβάτης κεραυνὸς ἐκπνέων φλόγα,
ὅς αὐτὸν ἐξέπληξε τῶν ὑψηγόρων
κομπασμάτων. φρένας γὰρ εἰς αὐτὰς τυπεὶς
ἐφεψαλώθη κἀξεβροντήθη σθένος.
καὶ νῦν ἀχρεῖον καὶ παράορον δέμας
κεῖται στενωποῦ πλησίον θαλασσίου
ἰπούμενος ῥίζαισιν Αἰτναίαις ὕπο.
κορυφαῖς δ› ἐν ἄκραις ἥμενος μυδροκτυπεῖ
Ἥφαιστος, ἔνθεν ἐκραγήσονταί ποτε
ποταμοὶ πυρὸς δάπτοντες ἀγρίαις γνάθοις
τῆς καλλικάρπου Σικελίας λευροὺς γύας·
τοιόνδε Τυφὼς ἐξαναζέσει χόλον
θερμοῖς ἀπλάτου βέλεσι πυρπνόου ζάλης,
καίπερ κεραυνῷ Ζηνὸς ἠνθρακωμένος.
σὺ δ› οὐκ ἄπειρος, οὐδ› ἐμοῦ διδασκάλου
χρῄζεις· σεαυτὸν σῷζ› ὅπως ἐπίστασαι·
ἐγὼ δὲ τὴν παροῦσαν ἀντλήσω τύχην,
ἔστ› ἂν Διὸς φρόνημα λωφήσῃ χόλου.

Ωκ.
οὔκουν, Προμηθεῦ, τοῦτο γιγνώσκεις, ὅτι
ὀργῆς νοσούσης εἰσὶν ἰατροὶ λόγοι;

Πρ.
ἐάν τις ἐν καιρῷ γε μαλθάσσῃ κέαρ
καὶ μὴ σφριγῶντα θυμὸν ἰσχναίνῃ βίᾳ.

Ωκ.
ἐν τῷ προθυμεῖσθαι δὲ καὶ τολμᾶν τίνα
ὁρᾷς ἐνοῦσαν ζημίαν; δίδασκέ με.

Πρ.
μόχθον περισσὸν κουφόνουν τ᾽ εὐηθίαν.

Ωκ.
ἔα με τῇδε τῇ νόσῳ νοσεῖν, ἐπεὶ
κέρδιστον εὖ φρονοῦντα μὴ φρονεῖν δοκεῖν.

Πρ.
ἐμὸν δοκήσει τἀμπλάκημ᾽ εἶναι τόδε.

Ωκ.
σαφῶς μ᾽ ἐς οἶκον σὸς λόγος στέλλει πάλιν.

Πρ.
μὴ γάρ σε θρῆνος οὑμὸς εἰς ἔχθραν βάλῃ.

Ωκ.
ἦ τῷ νέον θακοῦντι παγκρατεῖς ἕδρας;

Πρ.
τούτου φυλάσσου μή ποτ᾽ ἀχθεσθῇ κέαρ.

Ωκ.
ἡ σή, Προμηθεῦ, συμφορὰ διδάσκαλος.

Πρ.
στέλλου, κομίζου, σῷζε τὸν παρόντα νοῦν.

Ωκ.
ὁρμωμένῳ μοι τόνδ᾽ ἐθώυξας λόγον.
λευρὸν γὰρ οἶμον αἰθέρος ψαίρει πτεροῖς
τετρασκελὴς οἰωνός· ἄσμενος δέ τἂν
σταθμοῖς ἐν οἰκείοισι κάμψειεν γόνυ.

ΧΟΡΟΣ
στένω σε τᾶς οὐ- {[στρ. α.}

λομένας τύχας, Προμηθεῦ·
δακρυσίστακτον [δ›] ἀπ› ὄσσων
ῥαδινῶν λειβομένα ῥέος παρειὰν
νοτίοις ἔτεγξα παγαῖς·
ἀμέγαρτα γὰρ τάδε Ζεὺς
ἰδίοις νόμοις κρατύνων
ὑπερήφανον θεοῖς τοῖς
πάρος ἐνδείκνυσιν αἰχμάν.
πρόπασα δ› ἤδη {[ἀντ. α.}
στονόεν λέλακε χώρα,
μεγαλοσχήμονά τ› ἀρχαι-
οπρεπῆ στένουσι τὰν σὰν
ξυνομαιμόνων τε τιμάν·
ὁπόσοι τ› ἔποικον ἁγνᾶς
Ἀσίας ἕδος νέμονται,
μεγαλοστόνοισι σοῖς πή-
μασι συγκάμνουσι θνατοί.
Κολχίδος τε γᾶς ἔνοικοι {[στρ. β.}
παρθένοι, μάχας ἄτρεστοι,
καὶ Σκύθης ὅμιλος, οἳ γᾶς
ἔσχατον τόπον ἀμφὶ Μαι-
ῶτιν ἔχουσι λίμναν,
Ἀραβίας τ› ἄρειον ἄνθος, {[ἀντ. β.}
ὑψίκρημνον οἳ πόλισμα
Καυκάσου πέλας νέμονται,
δάιος στρατός, ὀξυπρῴ-
ροισι βρέμων ἐν αἰχμαῖς.
† μόνον δὴ πρόσθεν ἄλλον ἐν πόνοις
δαμέντ› ἀκαμαντοδέτοις
Τιτᾶνα λύμαις εἰσιδόμαν, θεὸν
Ἄτλανθ›, ὃς αἰὲν ὑπέροχον σθένος κραταιὸν
... οὐράνιόν τε πόλον
νώτοις ὑποστενάζει. †
βοᾷ δὲ πόντιος κλύδων
ξυμπίτνων, στένει βυθός,
κελαινὸς [δ›] Ἄιδος ὑποβρέμει μυχὸς γᾶς,

παγαί θ› ἁγνορύτων ποταμῶν
στένουσιν ἄλγος οἰκτρόν.
Πρ.} μή τοι χλιδῇ δοκεῖτε μηδ› αὐθαδίᾳ
σιγᾶν με· συννοίᾳ δὲ δάπτομαι κέαρ,
ὁρῶν ἐμαυτὸν ὧδε προυσελούμενον.
καίτοι θεοῖσι τοῖς νέοις τούτοις γέρα
τίς ἄλλος ἢ ‹γὼ παντελῶς διώρισεν;
ἀλλ› αὐτὰ σιγῶ. καὶ γὰρ εἰδυίαισιν ἂν
ὑμῖν λέγοιμι· τἀν βροτοῖς δὲ πήματα
ἀκούσαθ›, ὥς σφας νηπίους ὄντας τὸ πρὶν
ἔννους ἔθηκα καὶ φρενῶν ἐπηβόλους.
λέξω δέ, μέμψιν οὔτιν› ἀνθρώποις ἔχων,
ἀλλ› ὧν δέδωκ› εὔνοιαν ἐξηγούμενος·
οἳ πρῶτα μὲν βλέποντες ἔβλεπον μάτην,
κλύοντες οὐκ ἤκουον, ἀλλ› ὀνειράτων
ἀλίγκιοι μορφαῖσι τὸν μακρὸν βίον
ἔφυρον εἰκῇ πάντα, κοὔτε πλινθυφεῖς
δόμους προσείλους ᾖσαν, οὐ ξυλουργίαν·
κατώρυχες δ› ἔναιον ὥστ› ἀήσυροι
μύρμηκες ἄντρων ἐν μυχοῖς ἀνηλίοις.
ἦν δ› οὐδὲν αὐτοῖς οὔτε χείματος τέκμαρ
οὔτ› ἀνθεμώδους ἦρος οὔτε καρπίμου
θέρους βέβαιον, ἀλλ› ἄτερ γνώμης τὸ πᾶν
ἔπρασσον, ἔστε δή σφιν ἀντολὰς ἐγὼ
ἄστρων ἔδειξα τάς τε δυσκρίτους δύσεις.
καὶ μὴν ἀριθμόν, ἔξοχον σοφισμάτων,
ἐξηῦρον αὐτοῖς, γραμμάτων τε συνθέσεις,
μνήμην ἁπάντων, μουσομήτορ› ἐργάνην.
κἄζευξα πρῶτος ἐν ζυγοῖσι κνώδαλα
ζεύγλαισι δουλεύοντα σώμασίν θ› ὅπως
θνητοῖς μεγίστων διάδοχοι μοχθημάτων
γένοινθ›, ὑφ› ἅρμα τ› ἤγαγον φιληνίους
ἵππους, ἄγαλμα τῆς ὑπερπλούτου χλιδῆς.
θαλασσόπλαγκτα δ› οὔτις ἄλλος ἀντ› ἐμοῦ
λινόπτερ› ηὗρε ναυτίλων ὀχήματα.
τοιαῦτα μηχανήματ› ἐξευρὼν τάλας

βροτοῖσιν, αὐτὸς οὐκ ἔχω σόφισμ› ὅτῳ
τῆς νῦν παρούσης πημονῆς ἀπαλλαγῶ.

Χο.
πέπονθας αἰκὲς πῆμ᾽ ἀποσφαλεὶς φρενῶν
πλάνῃ, κακὸς δ› ἰατρὸς ὥς τις ἐς νόσον
πεσὼν ἀθυμεῖς καὶ σεαυτὸν οὐκ ἔχεις
εὑρεῖν ὁποίοις φαρμάκοις ἰάσιμος.

Πρ.
τὰ λοιπά μου κλύουσα θαυμάσῃ πλέον,
οἵας τέχνας τε καὶ πόρους ἐμησάμην.
τὸ μὲν μέγιστον, εἴ τις ἐς νόσον πέσοι,
οὐκ ἦν ἀλέξημ› οὐδέν, οὔτε βρώσιμον,
οὐ χριστόν, οὐδὲ πιστόν, ἀλλὰ φαρμάκων
χρείᾳ κατεσκέλλοντο, πρίν γ› ἐγώ σφισιν
ἔδειξα κράσεις ἠπίων ἀκεσμάτων,
αἷς τὰς ἁπάσας ἐξαμύνονται νόσους.
τρόπους τε πολλοὺς μαντικῆς ἐστοίχισα,
κἄκρινα πρῶτος ἐξ ὀνειράτων ἃ χρὴ
ὕπαρ γενέσθαι, κληδόνας τε δυσκρίτους
ἐγνώρισ› αὐτοῖς ἐνοδίους τε συμβόλους.
γαμψωνύχων τε πτῆσιν οἰωνῶν σκεθρῶς
διώρισ›, οἵτινές τε δεξιοὶ φύσιν
εὐωνύμους τε, καὶ δίαιταν ἥντινα
ἔχουσ› ἕκαστοι, καὶ πρὸς ἀλλήλους τίνες
ἔχθραι τε καὶ στέργηθρα καὶ συνεδρίαι·
σπλάγχνων τε λειότητα, καὶ χροιὰν τίνα
ἔχουσ› ἂν εἴη δαίμοσιν πρὸς ἡδονὴν
χολή, λοβοῦ τε ποικίλην εὐμορφίαν·
κνίσῃ τε κῶλα συγκαλυπτὰ καὶ μακρὰν
ὀσφῦν πυρώσας δυστέκμαρτον εἰς τέχνην
ὥδωσα θνητούς, καὶ φλογωπὰ σήματα
ἐξωμμάτωσα, πρόσθεν ὄντ› ἐπάργεμα.
τοιαῦτα μὲν δὴ ταῦτ›· ἔνερθε δὲ χθονὸς
κεκρυμμέν› ἀνθρώποισιν ὠφελήματα,

χαλκόν, σίδηρον, ἄργυρον χρυσόν τε, τίς
φήσειεν ἂν πάροιθεν ἐξευρεῖν ἐμοῦ;
οὐδείς, σάφ› οἶδα, μὴ μάτην φλῦσαι θέλων.
βραχεῖ δὲ μύθῳ πάντα συλλήβδην μάθε,
πᾶσαι τέχναι βροτοῖσιν ἐκ Προμηθέως.

Χο.
μή νυν βροτοὺς μὲν ὠφέλει καιροῦ πέρα,
σαυτοῦ δ› ἀκήδει δυστυχοῦντος· ὡς ἐγὼ
εὔελπίς εἰμι τῶνδέ σ› ἐκ δεσμῶν ἔτι
λυθέντα μηδὲν μεῖον ἰσχύσειν Διός.

Πρ.
οὐ ταῦτα ταύτῃ Μοῖρά πω τελεσφόρος
κρᾶναι πέπρωται, μυρίαις δὲ πημοναῖς
δύαις τε καμφθεὶς ὧδε δεσμὰ φυγγάνω·
τέχνη δ› ἀνάγκης ἀσθενεστέρα μακρῷ.

Χο.
τίς οὖν ἀνάγκης ἐστὶν οἰακοστρόφος;

Πρ.
Μοῖραι τρίμορφοι μνήμονές τ᾽ Ἐρινύες.

Χο.
τούτων ἄρα Ζεύς ἐστιν ἀσθενέστερος;

Πρ.
οὔκουν ἂν ἐκφύγοι γε τὴν πεπρωμένην.

Χο.
τί γὰρ πέπρωται Ζηνὶ πλὴν ἀεὶ κρατεῖν;

Πρ.
τοῦτ᾽ οὐκέτ᾽ ἂν πύθοιο, μηδὲ λιπάρει.

Χο.
ἦ πού τι σεμνόν ἐστιν ὃ ξυναμπέχεις.

Πρ.
ἄλλου λόγου μέμνησθε, τόνδε δ' οὐδαμῶς
καιρὸς γεγωνεῖν, ἀλλὰ συγκαλυπτέος
ὅσον μάλιστα· τόνδε γὰρ σῴζων ἐγὼ
δεσμοὺς ἀεικεῖς καὶ δύας ἐκφυγγάνω.

ΧΟΡΟΣ
μηδάμ› ὁ πάντα νέμων {[στρ. α.}
θεῖτ› ἐμᾷ γνώμᾳ κράτος ἀντίπαλον Ζεύς,
μηδ› ἐλινύσαιμι θεοὺς ὁσίαις
θοίναις ποτινισσομένα
βουφόνοις παρ› Ὠκεανοῦ πατρὸς ἄσβεστον πόρον,
μηδ› ἀλίτοιμι λόγοις·
ἀλλά μοι τόδ› ἐμμένοι
καὶ μήποτ› ἐκτακείη·
ἡδύ τι θαρσαλέαις {[ἀντ. α.}
τὸν μακρὸν τείνειν βίον ἐλπίσι, φαναῖς
θυμὸν ἀλδαίνουσαν ἐν εὐφροσύναις,
φρίσσω δέ σε δερκομένα
μυρίοις μόχθοις διακναιόμενον
Ζῆνα γὰρ οὐ τρομέων
ἰδίᾳ γνώμᾳ σέβῃ
θνατοὺς ἄγαν, Προμηθεῦ.
φέρε, πῶς χάρις ἁ χάρις, ὦ {[στρ. β.}
φίλος; εἰπέ, ποῦ τις ἀλκά;
τίς ἐφαμερίων ἄρηξις; οὐδ› ἐδέρχθης
ὀλιγοδρανίαν ἄκικυν,
ἰσόνειρον, ᾇ τὸ φωτῶν
ἀλαὸν γένος ἐμπεποδισμένον; οὔποτε
τὰν Διὸς ἁρμονίαν θνατῶν παρεξίασι βουλαί.
ἔμαθον τάδε σὰς προσιδοῦσ› {[ἀντ. β.}
ὀλοὰς τύχας, Προμηθεῦ.
τὸ διαμφίδιον δέ μοι μέλος προσέπτα

τόδ› ἐκεῖνό θ› ὅ τ› ἀμφὶ λουτρὰ
καὶ λέχος σὸν ὑμεναίουν
ἰότατι γάμων, ὅτε τὰν ὁμοπάτριον ἕδνοις
ἄγαγες Ἡσιόναν πιθὼν δάμαρτα κοινόλεκτρον.

ΙΩ
τίς γῆ; τί γένος; τίνα φῶ λεύσσειν
τόνδε χαλινοῖς ἐν πετρίνοισιν
χειμαζόμενον;
τίνος ἀμπλακίας ποινὰς ὀλέκῃ;
σήμηνον ὅποι
γῆς ἡ μογερὰ πεπλάνημαι.
ἆ ἆ, ἒ ἔ·
χρίει τίς αὖ με τὰν τάλαιναν οἶστρος;
εἴδωλον Ἄργου γηγενοῦς· † ἄλευ›, ἆ δᾶ· φοβοῦμαι,
τὸν μυριωπὸν εἰσορῶσα βούταν.
ὁ δὲ πορεύεται δόλιον ὄμμ› ἔχων,
ὃν οὐδὲ κατθανόντα γαῖα κεύθει.
ἀλλ› ἐμὲ τὰν τάλαιναν
ἐξ ἐνέρων περῶν κυναγεῖ, πλανᾷ
τε νῆστιν ἀνὰ τὰν παραλίαν ψάμμον.
ὑπὸ δὲ κηρόπλαστος ὀτοβεῖ δόναξ {[στρ. α.}
ἀχέτας ὑπνοδόταν νόμον·
ἰὼ ἰὼ πόποι, ποῖ μ› ἄγουσι τηλέπλαγκτοι πλάναι;
τί ποτέ μ›, ὦ Κρόνιε παῖ, τί ποτε ταῖσδ›
ἐνέζευξας εὑρὼν ἁμαρτοῦσαν ἐν πημοναῖσιν,
ἒ ἔ·
οἰστρηλάτῳ δὲ δείματι δειλαίαν
παράκοπον ὧδε τείρεις;
πυρί <με> φλέξον, ἢ χθονὶ κάλυψον, ἢ
ποντίοις δάκεσι δὸς βοράν,
μηδέ μοι φθονήσῃς εὐγμάτων, ἄναξ.
ἅδην με πολύπλανοι πλάναι
γεγυμνάκασιν, οὐδ› ἔχω μαθεῖν ὅπῃ
πημονὰς ἀλύξω.
κλύεις φθέγμα τᾶς βούκερω παρθένου;

Πρ.
πῶς δ' οὐ κλύω τῆς οἰστροδινήτου κόρης
τῆς Ἰναχείας, ἣ Διὸς θάλπει κέαρ
ἔρωτι, καὶ νῦν τοὺς ὑπερμήκεις δρόμους
Ἥρᾳ στυγητὸς πρὸς βίαν γυμνάζεται;

Ιω.
πόθεν ἐμοῦ σὺ πατρὸς ὄνομ' ἀπύεις; {[ἀντ. α.}
εἰπέ μοι τᾷ μογερᾷ τίς ὤν,
τίς ἄρα μ›, ὦ τάλας, [τὰν] ταλαίπωρον ὧδ› ἔτυμα προσθροεῖς,
θεόσυτόν τε νόσον ὠνόμασας, ἃ
μαραίνει με χρίουσα κέντροισι φοιταλέοισιν;
ἒ ἕ·
σκιρτημάτων δὲ νήστισιν αἰκείαις
λαβρόσυτος ἦλθον, <Ἥρας>
ἐπικότοισι μήδεσι δαμεῖσα. δυσ-
δαιμόνων δὲ τίνες οἵ, ἒ ἕ,
οἷ› ἐγὼ μογοῦσιν;
ἀλλά μοι τορῶς
τέκμηρον ὅ τι μ› ἐπαμμένει
παθεῖν· τί μῆχαρ, ἢ τί φάρμακον νόσου;
δεῖξον, εἴπερ οἶσθα·
θρόει, φράζε τᾷ δυσπλάνῳ παρθένῳ.

Πρ.
λέξω τορῶς σοι πᾶν ὅπερ χρῄζεις μαθεῖν,
οὐκ ἐμπλέκων αἰνίγματ›, ἀλλ› ἁπλῷ λόγῳ,
ὥσπερ δίκαιον πρὸς φίλους οἴγειν στόμα.
πυρὸς βροτοῖς δοτῆρ› ὁρᾷς Προμηθέα.

Ιω.
ὦ κοινὸν ὠφέλημα θνητοῖσιν φανείς,
τλῆμον Προμηθεῦ, τοῦ δίκην πάσχεις τάδε;

Πρ.
ἁρμοῖ πέπαυμαι τοὺς ἐμοὺς θρηνῶν πόνους.

Ιω.
οὔκουν πόροις ἂν τήνδε δωρειὰν ἐμοί;

Πρ.
λέγ' ἥντιν' αἰτεῖ· πᾶν γὰρ ἂν πύθοιό μου.

Ιω.
σήμηνον ὅστις ἐν φάραγγί σ' ὤχμασεν.

Πρ.
βούλευμα μὲν τὸ Δῖον, Ἡφαίστου δὲ χείρ.

Ιω.
ποινὰς δὲ ποίων ἀμπλακημάτων τίνεις;

Πρ.
τοσοῦτον ἀρκῶ σοι σαφηνίσας μόνον.

Ιω.
καὶ πρός γε τούτοις τέρμα τῆς ἐμῆς πλάνης
δεῖξον, τίς ἔσται τῇ ταλαιπώρῳ χρόνος.

Πρ.
τὸ μὴ μαθεῖν σοι κρεῖσσον ἢ μαθεῖν τάδε.

Ιω.
μήτοι με κρύψῃς τοῦθ' ὅπερ μέλλω παθεῖν.

Πρ.
ἀλλ' οὐ μεγαίρω τοῦδέ σοι δωρήματος.

Ιω.
τί δῆτα μέλλεις μὴ οὐ γεγωνίσκειν τὸ πᾶν;

Πρ.
φθόνος μὲν οὐδείς, σὰς δ' ὀκνῶ θράξαι φρένας.

Ιω.
μή μου προκήδου μᾶσσον ὧν ἐμοὶ γλυκύ.

Πρ.
ἐπεὶ προθυμῇ, χρὴ λέγειν· ἄκουε δή.

Χο.
μήπω γε· μοῖραν δ' ἡδονῆς κἀμοὶ πόρε.
τὴν τῆσδε πρῶτον ἱστορήσωμεν νόσον,
αὐτῆς λεγούσης τὰς πολυφθόρους τύχας·
τὰ λοιπὰ δ› ἄθλων σοῦ διδαχθήτω πάρα.

Πρ.
σὸν ἔργον, Ἰοῖ, ταῖσδ' ὑπουργῆσαι χάριν,
ἄλλως τε πάντως καὶ κασιγνήταις πατρός.
ὡς τἀποκλαῦσαι κἀποδύρασθαι τύχας
ἐνταῦθ›, ὅπου μέλλοι τις οἴσεσθαι δάκρυ
πρὸς τῶν κλυόντων, ἀξίαν τριβὴν ἔχει.

Ιω.
οὐκ οἶδ' ὅπως ὑμῖν ἀπιστῆσαί με χρή,
σαφεῖ δὲ μύθῳ πᾶν ὅπερ προσχρῄζετε
πεύσεσθε· καίτοι καὶ λέγουσ› αἰσχύνομαι
θεόσσυτον χειμῶνα καὶ διαφθορὰν
μορφῆς, ὅθεν μοι σχετλίᾳ προσέπτατο.
αἰεὶ γὰρ ὄψεις ἔννυχοι πωλεύμεναι
ἐς παρθενῶνας τοὺς ἐμοὺς παρηγόρουν
λείοισι μύθοις 'Ὦ μέγ› εὔδαιμον κόρη,
τί παρθενεύῃ δαρόν, ἐξόν σοι γάμου
τυχεῖν μεγίστου; Ζεὺς γὰρ ἱμέρου βέλει
πρὸς σοῦ τέθαλπται καὶ συναίρεσθαι Κύπριν
θέλει· σὺ δ›, ὦ παῖ, μὴ ‹πολακτίσῃς λέχος
τὸ Ζηνός, ἀλλ› ἔξελθε πρὸς Λέρνης βαθὺν
λειμῶνα, ποίμνας βουστάσεις τε πρὸς πατρός,
ὡς ἂν τὸ Δῖον ὄμμα λωφήσῃ πόθου.'
τοιοῖσδε πάσας εὐφρόνας ὀνείρασι

ξυνειχόμην δύστηνος, ἔστε δὴ πατρὶ
ἔτλην γεγωνεῖν νυκτίφοιτ› ὀνείρατα.
ὁ δ› ἔς τε Πυθὼ κἀπὶ Δωδώνης πυκνοὺς
θεοπρόπους ἴαλλεν, ὡς μάθοι τί χρὴ
δρῶντ› ἢ λέγοντα δαίμοσιν πράσσειν φίλα.
ἧκον δ› ἀναγγέλλοντες αἰολοστόμους
χρησμοὺς ἀσήμους δυσκρίτως τ› εἰρημένους.
τέλος δ› ἐναργὴς βάξις ἦλθεν Ἰνάχῳ
σαφῶς ἐπισκήπτουσα καὶ μυθουμένη
ἔξω δόμων τε καὶ πάτρας ὠθεῖν ἐμέ,
ἄφετον ἀλᾶσθαι γῆς ἐπ› ἐσχάτοις ὅροις,
εἰ μὴ θέλοι πυρωπὸν ἐκ Διὸς μολεῖν
κεραυνόν, ὃς πᾶν ἐξαϊστώσοι γένος.
τοιοῖσδε πεισθεὶς Λοξίου μαντεύμασιν
ἐξήλασέν με κἀπέκλῃσε δωμάτων
ἄκουσαν ἄκων· ἀλλ› ἐπηνάγκαζέ νιν
Διὸς χαλινὸς πρὸς βίαν πράσσειν τάδε.
εὐθὺς δὲ μορφὴ καὶ φρένες διάστροφοι
ἦσαν, κεραστὶς δ›, ὡς ὁρᾶτ›, ὀξυστόμῳ
μύωπι χρισθεῖσ› ἐμμανεῖ σκιρτήματι
ᾖσσον πρὸς εὔποτόν τε Κερχνείας ῥέος
Λέρνης τε κρήνην· βουκόλος δὲ γηγενὴς
ἄκρατος ὀργὴν Ἄργος ὡμάρτει, πυκνοῖς
ὄσσοις δεδορκὼς τοὺς ἐμοὺς κατὰ στίβους.
ἀπροσδόκητος δ› αὐτὸν † αἰφνίδιος μόρος
τοῦ ζῆν ἀπεστέρησεν. οἰστροπλὴξ δ› ἐγὼ
μάστιγι θείᾳ γῆν πρὸ γῆς ἐλαύνομαι.
κλύεις τὰ πραχθέντ›· εἰ δ› ἔχεις εἰπεῖν ὅ τι
λοιπὸν πόνων, σήμαινε μηδέ μ› οἰκτίσας
σύνθαλπε μύθοις ψευδέσιν· νόσημα γὰρ
αἴσχιστον εἶναί φημι συνθέτους λόγους.

Χο.
ἔα ἔα, ἄπεχε, φεῦ·
ὔποτ› οὔποτ› ηὔχουν <ὧδε> ξένους
μολεῖσθαι λόγους ἐς ἀκοὰν ἐμάν,

οὐδ› ὧδε δυσθέατα καὶ δύσοιστα
πήματα λύμα[τα δείμα]τ› ἀμ-
φήκει κέντρῳ ψύχειν ψυχὰν ἐμάν.
ἰὼ ἰὼ μοῖρα μοῖρα,
πέφρικ› εἰσιδοῦσα πρᾶξιν Ἰοῦς.

Πρ.
πρῴ γε στενάζεις καὶ φόβου πλέα τις εἶ·
ἐπίσχες ἔστ› ἂν καὶ τὰ λοιπὰ προσμάθῃς.

Χο.
λέγ᾿, ἐκδίδασκε· τοῖς νοσοῦσί τοι γλυκὺ
τὸ λοιπὸν ἄλγος προυξεπίστασθαι τορῶς.

Πρ.
τὴν πρίν γε χρείαν ἠνύσασθ᾿ ἐμοῦ πάρα
κούφως· μαθεῖν γὰρ τῆσδε πρῶτ› ἐχρῄζετε
τὸν ἀμφ› ἑαυτῆς ἆθλον ἐξηγουμένης·
τὰ λοιπὰ νῦν ἀκούσαθ›, οἷα χρὴ πάθη
τλῆναι πρὸς Ἥρας τήνδε τὴν νεάνιδα.
σύ τ›, Ἰνάχειον σπέρμα, τοὺς ἐμοὺς λόγους
θυμῷ βάλ›, ὡς ἂν τέρματ› ἐκμάθῃς ὁδοῦ.
πρῶτον μὲν ἐνθένδ› ἡλίου πρὸς ἀντολὰς
στρέψασα σαυτὴν στεῖχ› ἀνηρότους γύας·
Σκύθας δ› ἀφίξῃ νομάδας, οἳ πλεκτὰς στέγας
πεδάρσιοι ναίουσ› ἐπ› εὐκύκλοις ὄχοις,
ἑκηβόλοις τόξοισιν ἐξηρτυμένοι·
οἷς μὴ πελάζειν, ἀλλ› ἁλιστόνοις πόδας
χρίμπτουσα ῥαχίαισιν ἐκπερᾶν χθόνα.
λαιᾶς δὲ χειρὸς οἱ σιδηροτέκτονες
οἰκοῦσι Χάλυβες, οὓς φυλάξασθαί σε χρή,
ἀνήμεροι γὰρ οὐδὲ πρόσπλατοι ξένοις.
ἥξεις δ› ὑβριστὴν ποταμὸν οὐ ψευδώνυμον,
ὃν μὴ περάσῃς, οὐ γὰρ εὔβατος περᾶν,
πρὶν ἂν πρὸς αὐτὸν Καύκασον μόλῃς, ὀρῶν
ὕψιστον, ἔνθα ποταμὸς ἐκφυσᾷ μένος

κροτάφων ἀπ› αὐτῶν. ἀστρογείτονας δὲ χρὴ
κορυφὰς ὑπερβάλλουσαν ἐς μεσημβρινὴν
βῆναι κέλευθον, ἔνθ› Ἀμαζόνων στρατὸν
ἥξεις στυγάνορ›, αἳ Θεμίσκυράν ποτε
κατοικιοῦσιν ἀμφὶ Θερμώδονθ›, ἵνα
τραχεῖα πόντου Σαλμυδησσία γνάθος,
ἐχθρόξενος ναύτῃσι, μητρυιὰ νεῶν·
αὗταί σ› ὁδηγήσουσι καὶ μάλ› ἀσμένως.
ἰσθμὸν δ› ἐπ› αὐταῖς στενοπόροις λίμνης πύλαις
Κιμμερικὸν ἥξεις, ὃν θρασυσπλάγχνως σε χρὴ
λιποῦσαν αὐλῶν› ἐκπερᾶν Μαιωτικόν·
ἔσται δὲ θνητοῖς εἰσαεὶ λόγος μέγας
τῆς σῆς πορείας, Βόσπορος δ› ἐπώνυμος
κεκλήσεται. λιποῦσα δ› Εὐρώπης πέδον
ἤπειρον ἥξεις Ἀσιάδα. ἆρ› ὑμῖν δοκεῖ
ὁ τῶν θεῶν τύραννος ἐς τὰ πάνθ› ὁμῶς
βίαιος εἶναι; τῇδε γὰρ θνητῇ θεὸς
χρῄζων μιγῆναι τάσδ› ἐπέρριψεν πλάνας.
πικροῦ δ› ἔκυρσας, ὦ κόρη, τῶν σῶν γάμων
μνηστῆρος. οὓς γὰρ νῦν ἀκήκοας λόγους,
εἶναι δόκει σοὶ μηδέπω ‹ν προοιμίοις.

Ιω.
ἰώ μοί μοι· ἓ ἕ.

Πρ.
σὺ δ᾽ αὖ κέκραγας κἀναμυχθίζῃ· τί που
δράσεις, ὅταν τὰ λοιπὰ πυνθάνῃ κακά;

Χο.
ἦ γάρ τι λοιπὸν τῇδε πημάτων ἐρεῖς;

Πρ.
δυσχείμερόν γε πέλαγος ἀτηρᾶς δύης.

Ιω.
τί δῆτ᾽ ἐμοὶ ζῆν κέρδος, ἀλλ᾽ οὐκ ἐν τάχει
ἔρριψ› ἐμαυτὴν τῆσδ› ἀπὸ στύφλου πέτρας,
ὅπως πέδοι σκήψασα τῶν πάντων πόνων
ἀπηλλάγην; κρεῖσσον γὰρ εἰσάπαξ θανεῖν
ἢ τὰς ἁπάσας ἡμέρας πάσχειν κακῶς.

Πρ.
ἦ δυσπετῶν ἂν τοὺς ἐμοὺς ἄθλους φέροις,
ὅτῳ θανεῖν μέν ἐστιν οὐ πεπρωμένον·
αὕτη γὰρ ἦν ἂν πημάτων ἀπαλλαγή·
νῦν δ› οὐδέν ἐστι τέρμα μοι προκείμενον
μόχθων, πρὶν ἂν Ζεὺς ἐκπέσῃ τυραννίδος.

Ιω.
ἦ γάρ ποτ᾽ ἔστιν ἐκπεσεῖν ἀρχῆς Δία;

Πρ.
ἥδοι᾽ ἄν, οἶμαι, τήνδ᾽ ἰδοῦσα συμφοράν.

Ιω.
πῶς δ᾽ οὐκ ἄν, ἥτις ἐκ Διὸς πάσχω κακῶς;

Πρ.
ὡς τοίνυν ὄντων τῶνδε γαθεῖν σοι πάρα.

Ιω.
πρὸς τοῦ τύραννα σκῆπτρα συληθήσεται;

Πρ.
πρὸς αὐτὸς αὑτοῦ κενοφρόνων βουλευμάτων.

Ιω.
ποίῳ τρόπῳ; σήμηνον, εἰ μή τις βλάβη.

Πρ.
γαμεῖ γάμον τοιοῦτον ᾧ ποτ᾽ ἀσχαλεῖ.

Ιω.
θέορτον, ἢ βρότειον; εἰ ῥητόν, φράσον.

Πρ.
τί δ᾽ ὅντιν᾽; οὐ γὰρ ῥητὸν αὐδᾶσθαι τόδε.

Ιω.
ἦ πρὸς δάμαρτος ἐξανίσταται θρόνων;

Πρ.
ἣ τέξεταί γε παῖδα φέρτερον πατρός.

Ιω.
οὐδ᾽ ἔστιν αὐτῷ τῆσδ᾽ ἀποστροφὴ τύχης;

Πρ.
οὐ δῆτα, πλὴν ἔγωγ᾽ ἂν ἐκ δεσμῶν λυθείς.

Ιω.
τίς οὖν ὁ λύσων ἐστὶν ἄκοντος Διός;

Πρ.
τῶν σῶν τιν᾽ αὐτὸν ἐγγόνων εἶναι χρεών.

Ιω.
πῶς εἶπας; ἦ ‘μὸς παῖς σ᾽ ἀπαλλάξει κακῶν;

Πρ.
τρίτος γε γένναν πρὸς δέκ᾽ ἄλλαισιν γοναῖς.

Ιω.
ἥδ᾽ οὐκέτ᾽ εὐξύμβλητος ἡ χρησμῳδία.

Πρ.

καὶ μηδὲ σαυτῆς ἐκμαθεῖν ζήτει πόνους.

Ιω.

μή μοι προτείνων κέρδος εἶτ᾽ ἀποστέρει.

Πρ.

δυοῖν λόγοιν σε θατέρῳ δωρήσομαι.

Ιω.

ποίοιν; πρόδειξον, αἵρεσίν τ᾽ ἐμοὶ δίδου.

Πρ.

δίδωμ᾽· ἑλοῦ γάρ, ἢ πόνων τὰ λοιπά σοι
φράσω σαφηνῶς, ἢ τὸν ἐκλύσοντ› ἐμέ.

Χο.

τούτων σὺ τὴν μὲν τῇδε, τὴν δ᾽ ἐμοὶ χάριν
θέσθαι θέλησον, μηδ› ἀτιμάσῃς λόγου·
καὶ τῇδε μὲν γέγωνε τὴν λοιπὴν πλάνην,
ἐμοὶ δὲ τὸν λύσοντα· τοῦτο γὰρ ποθῶ.

Πρ.

ἐπεὶ προθυμεῖσθ᾽, οὐκ ἐναντιώσομαι
τὸ μὴ οὐ γεγωνεῖν πᾶν ὅσον προσχρῄζετε.
σοὶ πρῶτον, Ἰοῖ, πολύδονον πλάνην φράσω,
ἣν ἐγγράφου σὺ μνήμοσιν δέλτοις φρενῶν.
ὅταν περάσῃς ῥεῖθρον ἠπείροιν ὅρον,
πρὸς ἀντολὰς φλογῶπας ἡλιοστιβεῖς
πόντου περῶσα φλοῖσβον, ἔστ› ἂν ἐξίκῃ
πρὸς Γοργόνεια πεδία Κισθήνης, ἵνα
αἱ Φορκίδες ναίουσι, δηναιαὶ κόραι
τρεῖς κυκνόμορφοι, κοινὸν ὄμμ› ἐκτημέναι,
μονόδοντες, ἃς οὔθ› ἥλιος προσδέρκεται
ἀκτῖσιν οὔθ› ἡ νύκτερος μήνη ποτέ.
πέλας δ› ἀδελφαὶ τῶνδε τρεῖς κατάπτεροι,

δρακοντόμαλλοι Γοργόνες βροτοστυγεῖς,
ἃς θνητὸς οὐδεὶς εἰσιδὼν ἕξει πνοάς·
τοιοῦτο μέν σοι τοῦτο φρούριον λέγω.
ἄλλην δ› ἄκουσον δυσχερῆ θεωρίαν·
ὀξυστόμους γὰρ Ζηνὸς ἀκραγεῖς κύνας
γρῦπας φύλαξαι, τόν τε μουνῶπα στρατὸν
Ἀριμασπὸν ἱπποβάμον›, οἳ χρυσόρρυτον
οἰκοῦσιν ἀμφὶ νᾶμα Πλούτωνος πόρου·
τούτοις σὺ μὴ πέλαζε. τηλουρὸν δὲ γῆν
ἥξεις, κελαινὸν φῦλον, οἳ πρὸς ἡλίου
ναίουσι πηγαῖς, ἔνθα ποταμὸς Αἰθίοψ.
τούτου παρ› ὄχθας ἕρφ›, ἕως ἂν ἐξίκῃ
καταβασμόν, ἔνθα Βυβλίνων ὀρῶν ἄπο
ἵησι σεπτὸν Νεῖλος εὔποτον ῥέος.
οὗτός σ› ὁδώσει τὴν τρίγωνον ἐς χθόνα
Νειλῶτιν, οὗ δὴ τὴν μακρὰν ἀποικίαν,
Ἰοῖ, πέπρωται σοί τε καὶ τέκνοις κτίσαι.
τῶνδ› εἴ τί σοι ψελλόν τε καὶ δυσεύρετον,
ἐπανδίπλαζε καὶ σαφῶς ἐκμάνθανε·
σχολὴ δὲ πλείων ἢ θέλω πάρεστί μοι.

Χο.
εἰ μέν τι τῇδε λοιπὸν ἢ παρειμένον
ἔχεις γεγωνεῖν τῆς πολυφθόρου πλάνης,
λέγ›· εἰ δὲ πάντ› εἴρηκας, ἡμῖν αὖ χάριν
δὸς ἥν πρὶν ᾐτούμεσθα· μέμνησαι δέ που.

Πρ.
τὸ πᾶν πορείας ἥδε τέρμ᾽ ἀκήκοεν.
ὅπως δ› ἂν εἰδῇ μὴ μάτην κλύουσά μου,
ἃ πρὶν μολεῖν δεῦρ› ἐκμεμόχθηκεν φράσω,
τεκμήριον τοῦτ› αὐτὸ δοὺς μύθων ἐμῶν.
ὄχλον μὲν οὖν τὸν πλεῖστον ἐκλείψω λόγων,
πρὸς αὐτὸ δ› εἶμι τέρμα σῶν πλανημάτων.
ἐπεὶ γὰρ ἦλθες πρὸς Μολοσσὰ γάπεδα,
τὴν αἰπύνωτόν τ› ἀμφὶ Δωδώνην, ἵνα

μαντεῖα θᾶκός τ› ἐστὶ Θεσπρωτοῦ Διός,
τέρας τ› ἄπιστον, αἱ προσήγοροι δρύες,
ὑφ› ὧν σὺ λαμπρῶς κοὐδὲν αἰνικτηρίως
προσηγορεύθης ἡ Διὸς κλεινὴ δάμαρ
μέλλουσ› ἔσεσθαι· τῶνδε προσσαίνει σέ τι;
ἐντεῦθεν οἰστρήσασα τὴν παρακτίαν
κέλευθον ᾖξας πρὸς μέγαν κόλπον Ῥέας,
ἀφ› οὗ παλιμπλάγκτοισι χειμάζῃ δρόμοις·
χρόνον δὲ τὸν μέλλοντα πόντιος μυχός,
σαφῶς ἐπίστασ›, Ἰόνιος κεκλήσεται,
τῆς σῆς πορείας μνῆμα τοῖς πᾶσιν βροτοῖς.
σημεῖά σοι τάδ› ἐστὶ τῆς ἐμῆς φρενός,
ὡς δέρκεται πλέον τι τοῦ πεφασμένου.
τὰ λοιπὰ δ› ὑμῖν τῇδέ τ› ἐς κοινὸν φράσω,
ἐς ταὐτὸν ἐλθὼν τῶν πάλαι λόγων ἴχνος.
ἔστιν πόλις Κάνωβος ἐσχάτη χθονός,
Νείλου πρὸς αὐτῷ στόματι καὶ προσχώματι·
ἐνταῦθα δή σε Ζεὺς τίθησιν ἔμφρονα
ἐπαφῶν ἀταρβεῖ χειρὶ καὶ θιγὼν μόνον.
ἐπώνυμον δὲ τῶν Διὸς γεννημάτων
τέξεις κελαινὸν Ἔπαφον, ὃς καρπώσεται
ὅσην πλατύρρους Νεῖλος ἀρδεύει χθόνα·
πέμπτη δ› ἀπ› αὐτοῦ γέννα πεντηκοντάπαις
πάλιν πρὸς Ἄργος οὐχ ἑκοῦσ› ἐλεύσεται
θηλύσπορος, φεύγουσα συγγενῆ γάμον
ἀνεψιῶν· οἱ δ› ἐπτοημένοι φρένας,
κίρκοι πελειῶν οὐ μακρὰν λελειμμένοι,
ἥξουσι θηρεύοντες οὐ θηρασίμους
γάμους, φθόνον δὲ σωμάτων ἕξει θεός·
Πελασγία δὲ δέξεται θηλυκτόνῳ
Ἄρει δαμέντων νυκτιφρουρήτῳ θράσει·
γυνὴ γὰρ ἄνδρ› ἕκαστον αἰῶνος στερεῖ,
δίθηκτον ἐν σφαγαῖσι βάψασα ξίφος·
τοιάδ› ἐπ› ἐχθροὺς ἐμοὺς ἔλθοι Κύπρις.
μίαν δὲ παίδων ἵμερος θέλξει τὸ μὴ
κτεῖναι σύνευνον, ἀλλ› ἀπαμβλυνθήσεται

γνώμην· δυοῖν δὲ θάτερον βουλήσεται,
κλύειν ἄναλκις μᾶλλον ἢ μιαιφόνος·
αὕτη κατ› Ἄργος βασιλικὸν τέξει γένος.
μακροῦ λόγου δεῖ ταῦτ› ἐπεξελθεῖν τορῶς.
σπορᾶς γε μὴν ἐκ τῆσδε φύσεται θρασὺς
τόξοισι κλεινός, ὅς πόνων ἐκ τῶνδ› ἐμὲ
λύσει. τοιόνδε χρησμὸν ἡ παλαιγενὴς
μήτηρ ἐμοὶ διῆλθε Τιτανὶς Θέμις·
ὅπως δὲ χὤπη, ταῦτα δεῖ μακροῦ λόγου
εἰπεῖν, σύ τ› οὐδὲν ἐκμαθοῦσα κερδανεῖς.

Ιω.
ἐλελεῦ, ἐλελεῦ,
ὑπό μ› αὖ σφάκελος καὶ φρενοπληγεῖς
μανίαι θάλπουσ›, οἴστρου δ› ἄρδις
χρίει μ› ἄπυρος·
κραδία δὲ φόβῳ φρένα λακτίζει,
τροχοδινεῖται δ› ὄμμαθ› ἑλίγδην,
ἔξω δὲ δρόμου φέρομαι λύσσης
πνεύματι μάργῳ, γλώσσης ἀκρατής·
θολεροὶ δὲ λόγοι παίουσ› εἰκῇ
στυγνῆς πρὸς κύμασιν ἄτης.

Χο.
ἦ σοφὸς ἦ σοφὸς ἦν {[στρ. α.}
ὃς πρῶτος ἐν γνώμᾳ τόδ› ἐβάστασε καὶ γλώσ-
σᾳ διεμυθολόγησεν,
ὡς τὸ κηδεῦσαι καθ› ἑαυτὸν ἀριστεύει μακρῷ,
καὶ μήτε τῶν πλούτῳ διαθρυπτομένων
μήτε τῶν γέννᾳ μεγαλυνομένων
ὄντα χερνήταν ἐραστεῦσαι γάμων.
μήποτε μήποτέ μ›, ὦ {[ἀντ. α.}
Μοῖραι <μακραίωνες>, λεχέων Διὸς εὐνά-
τειραν ἴδοισθε πέλουσαν·
μηδὲ πλαθείην γαμέτᾳ τινὶ τῶν ἐξ οὐρανοῦ.
ταρβῶ γὰρ ἀστεργάνορα παρθενίαν

εἰσορῶσ› Ἰοῦς ἀμαλαπτομέναν
δυσπλάνοις Ἥρας ἀλατείαις πόνων.
ἐμοὶ δ› ὅτε μὲν ὁμαλὸς ὁ γάμος, {[ἐπῳδ.}
ἄφοβος· ὃν δὲ δέδια, μὴ
κρεισσόνων [θεῶν] ἔρως ἄφυκτον
ὄμμα προσδράκοι με.
ἀπόλεμος ὅδε γ› ὁ πόλεμος, ἄπορα πόριμος· οὐδ›
ἔχω τίς ἂν γενοίμαν·
τὰν Διὸς γὰρ οὐχ ὁρῶ
μῆτιν ὅπα φύγοιμ› ἄν.

Πρ.
ἦ μὴν ἔτι Ζεύς, καίπερ αὐθάδη φρονῶν,
ἔσται ταπεινός, οἷον ἐξαρτύεται
γάμον γαμεῖν, ὅς αὐτὸν ἐκ τυραννίδος
θρόνων τ› ἄιστον ἐκβαλεῖ· πατρὸς δ› ἀρὰ
Κρόνου τότ› ἤδη παντελῶς κρανθήσεται,
ἣν ἐκπίτνων ἠρᾶτο δηναιῶν θρόνων.
τοιῶνδε μόχθων ἐκτροπὴν οὐδεὶς θεῶν
δύναιτ› ἂν αὐτῷ πλὴν ἐμοῦ δεῖξαι σαφῶς.
ἐγὼ τάδ› οἶδα χῷ τρόπῳ. πρὸς ταῦτα νῦν
θαρσῶν καθήσθω τοῖς πεδαρσίοις κτύποις
πιστός, τινάσσων τ› ἐν χεροῖν πύρπνουν βέλος.
οὐδὲν γὰρ αὐτῷ ταῦτ› ἐπαρκέσει τὸ μὴ οὐ
πεσεῖν ἀτίμως πτώματ› οὐκ ἀνασχετά·
τοῖον παλαιστὴν νῦν παρασκευάζεται
ἐπ› αὐτὸς αὐτῷ, δυσμαχώτατον τέρας·
ὃς δὴ κεραυνοῦ κρείσσον› εὑρήσει φλόγα,
βροντῆς θ› ὑπερβάλλοντα καρτερὸν κτύπον,
θαλασσίαν τε γῆς τινάκτειραν νόσον,
τρίαιναν αἰχμὴν τὴν Ποσειδῶνος, σκεδᾷ.
πταίσας δὲ τῷδε πρὸς κακῷ μαθήσεται
ὅσον τό τ› ἄρχειν καὶ τὸ δουλεύειν δίχα.

Χο.
σύ θην ἃ χρῄζεις, ταῦτ᾽ ἐπιγλωσσᾷ Διός.

Πρ.
ἅπερ τελεῖται, πρὸς δ' ἃ βούλομαι λέγω.

Χο.
καὶ προσδοκᾶν χρὴ δεσπόσειν Ζηνός τινα;

Πρ.
καὶ τῶνδέ γ' ἕξει δυσλοφωτέρους πόνους.

Χο.
πῶς οὐχὶ ταρβεῖς τοιάδ' ἐκρίπτων ἔπη;

Πρ.
τί δ' ἂν φοβοίμην ᾧ θανεῖν οὐ μόρσιμον;

Χο.
ἀλλ' ἆθλον ἄν σοι τοῦδ' ἔτ' ἀλγίω πόροι.

Πρ.
ὁ δ' οὖν ποείτω· πάντα προσδοκητά μοι.

Χο.
οἱ προσκυνοῦντες τὴν Ἀδράστειαν σοφοί.

Πρ.
σέβου, προσεύχου, θῶπτε τὸν κρατοῦντ'ἀεί.
ἐμοὶ δ› ἔλασσον Ζηνὸς ἢ μηδὲν μέλει.
δράτω, κρατείτω τόνδε τὸν βραχὺν χρόνον
ὅπως θέλει· δαρὸν γὰρ οὐκ ἄρξει θεοῖς.
ἀλλ› εἰσορῶ γὰρ τόνδε τὸν Διὸς τρόχιν,
τὸν τοῦ τυράννου τοῦ νέου διάκονον·
πάντως τι καινὸν ἀγγελῶν ἐλήλυθεν.

ΕΡΜΗΣ
σὲ τὸν σοφιστήν, τὸν πικρῶς ὑπέρπικρον,
τὸν ἐξαμαρτόντ› εἰς θεοὺς ἐφημέροις

πορόντα τιμάς, τὸν πυρὸς κλέπτην λέγω·
πατὴρ ἄνωγέ σ› οὕστινας κομπεῖς γάμους
αὐδᾶν, πρὸς ὧν ἐκεῖνος ἐκπίπτει κράτους·
καὶ ταῦτα μέντοι μηδὲν αἰνικτηρίως,
ἀλλ› αὔθ› ἕκαστα φράζε· μηδέ μοι διπλᾶς
ὁδούς, Προμηθεῦ, προσβάλῃς· ὁρᾷς δ› ὅτι
Ζεὺς τοῖς τοιούτοις οὐχὶ μαλθακίζεται.

Πρ.
σεμνόστομός γε καὶ φρονήματος πλέως
ὁ μῦθός ἐστιν, ὡς θεῶν ὑπηρέτου.
νέον νέοι κρατεῖτε καὶ δοκεῖτε δὴ
ναίειν ἀπενθῆ πέργαμ›· οὐκ ἐκ τῶνδ› ἐγὼ
δισσοὺς τυράννους ἐκπεσόντας ᾐσθόμην;
τρίτον δὲ τὸν νῦν κοιρανοῦντ› ἐπόψομαι
αἴσχιστα καὶ τάχιστα. μή τί σοι δοκῶ
ταρβεῖν ὑποπτήσσειν τε τοὺς νέους θεούς;
πολλοῦ γε καὶ τοῦ παντὸς ἐλλείπω. σὺ δὲ
κέλευθον ἥνπερ ἦλθες ἐγκόνει πάλιν·
πεύσῃ γὰρ οὐδὲν ὧν ἀνιστορεῖς ἐμέ.

Ερ.
τοιοῖσδε μέντοι καὶ πρὶν αὐθαδίσμασιν
ἐς τάσδε σαυτὸν πημονὰς καθώρμισας.

Πρ.
τῆς σῆς λατρείας τὴν ἐμὴν δυσπραξίαν,
σαφῶς ἐπίστασ›, οὐκ ἂν ἀλλάξαιμ› ἐγώ.

Ερ.
κρεῖσσον γὰρ οἶμαι τῇδε λατρεύειν πέτρᾳ
ἢ πατρὶ φῦναι Ζηνὶ πιστὸν ἄγγελον;

Πρ.
οὕτως ὑβρίζειν τοὺς ὑβρίζοντας χρεών.

Ερ.
χλιδᾶν ἔοικας τοῖς παροῦσι πράγμασιν.

Πρ.
χλιδῶ; χλιδῶντας ὧδε τοὺς ἐμοὺς ἐγὼ
ἐχθροὺς ἴδοιμι· καὶ σὲ δ› ἐν τούτοις λέγω.

Ερ.
ἦ κἀμὲ γάρ τι συμφοραῖς ἐπαιτιᾷ;

Πρ.
ἁπλῷ λόγῳ τοὺς πάντας ἐχθαίρω θεούς,
ὅσοι παθόντες εὖ κακοῦσί μ› ἐκδίκως.

Ερ.
κλύω σ᾽ ἐγὼ μεμηνότ᾽ οὐ σμικρὰν νόσον.

Πρ.
νοσοῖμ᾽ ἄν, εἰ νόσημα τοὺς ἐχθροὺς στυγεῖν.

Ερ.
εἴης φορητὸς οὐκ ἄν, εἰ πράσσοις καλῶς.

Πρ.
ὤμοι.

Ερ.
<ὤμοι·> τόδε Ζεὺς τοὔπος οὐκ ἐπίσταται.

Πρ.
ἀλλ᾽ ἐκδιδάσκει πάνθ᾽ ὁ γηράσκων χρόνος.

Ερ.
καὶ μὴν σύ γ᾽ οὔπω σωφρονεῖν ἐπίστασαι.

Πρ.
σὲ γὰρ προσηύδων οὐκ ἂν ὄνθ᾽ ὑπηρέτην.

Ερ.
ἐρεῖν ἔοικας οὐδὲν ὧν χρῄζει πατήρ.

Πρ.
καὶ μὴν ὀφείλων γ᾽ ἂν τίνοιμ᾽ αὐτῷ χάριν.

Ερ.
ἐκερτόμησας δῆθεν ὥστε παῖδά με.

Πρ.
οὐ γὰρ σὺ παῖς τε κἄτι τοῦδ᾽ ἀνούστερος,
εἰ προσδοκᾷς ἐμοῦ τι πεύσεσθαι πάρα;
οὐκ ἔστιν αἴκισμ› οὐδὲ μηχάνημ› ὅτῳ
προτρέψεταί με Ζεὺς γεγωνῆσαι τάδε,
πρὶν ἂν χαλασθῇ δεσμὰ λυμαντήρια.
πρὸς ταῦτα ῥιπτέσθω μὲν αἰθαλοῦσσα φλόξ,
λευκοπτέρῳ δὲ νιφάδι καὶ βροντήμασι
χθονίοις κυκάτω πάντα καὶ ταρασσέτω·
γνάμψει γὰρ οὐδὲν τῶνδέ μ› ὥστε καὶ φράσαι
πρὸς οὗ χρεών νιν ἐκπεσεῖν τυραννίδος.

Ερ.
ὅρα νυν εἴ σοι ταῦτ᾽ ἀρωγὰ φαίνεται.

Πρ.
ὦπται πάλαι δὴ καὶ βεβούλευται τάδε.

Ερ.
τόλμησον, ὦ μάταιε, τόλμησόν ποτε
πρὸς τὰς παρούσας πημονὰς ὀρθῶς φρονεῖν.

Πρ.
ὀχλεῖς μάτην με κῦμ᾽ ὅπως παρηγορῶν.

εἰσελθέτω σε μήποθ› ὡς ἐγὼ Διὸς
γνώμην φοβηθεὶς θηλύνους γενήσομαι,
καὶ λιπαρήσω τὸν μέγα στυγούμενον
γυναικομίμοις ὑπτιάσμασιν χερῶν
λῦσαί με δεσμῶν τῶνδε· τοῦ παντὸς δέω.

Ερ.
λέγων ἔοικα πολλὰ καὶ μάτην ἐρεῖν·
τέγγῃ γὰρ οὐδὲν οὐδὲ μαλθάσσῃ λιταῖς
ἐμαῖς· δακὼν δὲ στόμιον ὡς νεοζυγὴς
πῶλος βιάζῃ καὶ πρὸς ἡνίας μάχῃ.
ἀτὰρ σφοδρύνῃ γ› ἀσθενεῖ σοφίσματι.
αὐθαδία γὰρ τῷ φρονοῦντι μὴ καλῶς
αὐτὴ καθ› αὑτὴν οὐδενὸς μεῖζον σθένει.
σκέψαι δ›, ἐὰν μὴ τοῖς ἐμοῖς πεισθῇς λόγοις,
οἷός σε χειμὼν καὶ κακῶν τρικυμία
ἔπεισ› ἄφυκτος· πρῶτα μὲν γὰρ ὀκρίδα
φάραγγα βροντῇ καὶ κεραυνίᾳ φλογὶ
πατὴρ σπαράξει τήνδε, καὶ κρύψει δέμας
τὸ σόν, πετραία δ› ἀγκάλη σε βαστάσει.
μακρὸν δὲ μῆκος ἐκτελευτήσας χρόνου
ἄψορρον ἥξεις εἰς φάος· Διὸς δέ σοι
πτηνὸς κύων, δαφοινὸς αἰετός, λάβρως
διαρταμήσει σώματος μέγα ῥάκος,
ἄκλητος ἕρπων δαιταλεὺς πανήμερος,
κελαινόβρωτον δ› ἧπαρ ἐκθοινήσεται.
τοιοῦδε μόχθου τέρμα μή τι προσδόκα,
πρὶν ἂν θεῶν τις διάδοχος τῶν σῶν πόνων
φανῇ, θελήσῃ τ› εἰς ἀναύγητον μολεῖν
Ἅιδην κνεφαιά τ› ἀμφὶ Ταρτάρου βάθη.
πρὸς ταῦτα βούλευ›· ὡς ὅδ› οὐ πεπλασμένος
ὁ κόμπος, ἀλλὰ καὶ λίαν εἰρημένος·
ψευδηγορεῖν γὰρ οὐκ ἐπίσταται στόμα
τὸ Δῖον, ἀλλὰ πᾶν ἔπος τελεῖ. σὺ δὲ
πάπταινε καὶ φρόντιζε, μηδ› αὐθαδίαν
εὐβουλίας ἀμείνον› ἡγήσῃ ποτέ.

Χο.
ἡμῖν μὲν Ἑρμῆς οὐκ ἄκαιρα φαίνεται
λέγειν· ἄνωγε γάρ σε τὴν αὐθαδίαν
μεθέντ› ἐρευνᾶν τὴν σοφὴν εὐβουλίαν.
πιθοῦ· σοφῷ γὰρ αἰσχρὸν ἐξαμαρτάνειν.

Πρ.
εἰδότι τοί μοι τάσδ᾽ ἀγγελίας
ὅδ› ἐθώυξεν, πάσχειν δὲ κακῶς
ἐχθρὸν ὑπ› ἐχθρῶν οὐδὲν ἀεικές.
πρὸς ταῦτ› ἐπ› ἐμοὶ ῥιπτέσθω μὲν
πυρὸς ἀμφήκης βόστρυχος, αἰθὴρ δ›
ἐρεθιζέσθω βροντῇ σφακέλῳ τ›
ἀγρίων ἀνέμων· χθόνα δ› ἐκ πυθμένων
αὐταῖς ῥίζαις πνεῦμα κραδαίνοι,
κῦμα δὲ πόντου τραχεῖ ῥοθίῳ
συγχώσειεν τῶν οὐρανίων
ἄστρων διόδους, εἴς τε κελαινὸν
Τάρταρον ἄρδην ῥίψειε δέμας
τοὐμὸν ἀνάγκης στερραῖς δίναις·
πάντως ἐμέ γ› οὐ θανατώσει.

Ερ.
τοιάδε μέντοι τῶν φρενοπλήκτων
βουλεύματ› ἔπη τ› ἔστιν ἀκοῦσαι.
τί γὰρ ἐλλείπει μὴ <οὐ> παραπαίειν
ἡ τοῦδ› εὐχή; τί χαλᾷ μανιῶν;
ἀλλ› οὖν ὑμεῖς γ› αἱ πημοσύναις
συγκάμνουσαι ταῖς τοῦδε τόπων
μετά ποι χωρεῖτ› ἐκ τῶνδε θοῶς,
μὴ φρένας ὑμῶν ἠλιθιώσῃ
βροντῆς μύκημ› ἀτέραμνον.

Χο.
ἄλλο τι φώνει καὶ παραμυθοῦ μ᾽
ὅ τι καὶ πείσεις· οὐ γὰρ δή που

τοῦτό γε τλητὸν παρέσυρας ἔπος.
πῶς με κελεύεις κακότητ› ἀσκεῖν;
μετὰ τοῦδ› ὅ τι χρὴ πάσχειν ἐθέλω·
τοὺς προδότας γὰρ μισεῖν ἔμαθον,
κοὐκ ἔστι νόσος
τῆσδ› ἥντιν› ἀπέπτυσα μᾶλλον.

Ερ.
ἀλλ’ οὖν μέμνησθ’ ἁγὼ προλέγω,
μηδὲ πρὸς ἄτης θηραθεῖσαι
μέμψησθε τύχην, μηδέ ποτ› εἴπηθ›
ὡς Ζεὺς ὑμᾶς εἰς ἀπρόοπτον
πῆμ› εἰσέβαλεν· μὴ δῆτ›, αὐταὶ δ›
ὑμᾶς αὐτάς. εἰδυῖαι γὰρ
κοὐκ ἐξαίφνης οὐδὲ λαθραίως
εἰς ἀπέρατον δίκτυον ἄτης
ἐμπλεχθήσεσθ› ὑπ› ἀνοίας.

Πρ.
καὶ μὴν ἔργῳ κοὐκέτι μύθῳ
χθὼν σεσάλευται.
βρυχία δ› ἠχὼ παραμυκᾶται
βροντῆς, ἕλικες δ› ἐκλάμπουσι
στεροπῆς ζάπυροι, στρόμβοι δὲ κόνιν
εἱλίσσουσιν· σκιρτᾷ δ› ἀνέμων
πνεύματα πάντων εἰς ἄλληλα
στάσιν ἀντίπνουν [ἀποδεικνύμενα]·
ξυντετάρακται δ› αἰθὴρ πόντῳ.
τοιάδ› ἐπ› ἐμοὶ ῥιπὴ Διόθεν
τεύχουσα φόβον στείχει φανερῶς.
ὦ μητρὸς ἐμῆς σέβας, ὦ πάντων
αἰθὴρ κοινὸν φάος εἱλίσσων,
ἐσορᾷς ὡς ἔκδικα πάσχω.